农村常见法律纠纷调解

NONGCUN CHANGJIAN
FALÜ JIUFEN TIAOJIE

主　审／廖永安

主　编／刘建宏

副主编／夏年丰

撰稿人／（按撰写章节先后顺序排）

夏年丰　刘建宏　姚和平　宋义云

中国政法大学出版社

2017·北京

图书在版编目（ＣＩＰ）数据

农村常见法律纠纷调解/刘建宏主编. —北京：中国政法大学出版社，2017.11
（2023.1重印）
ISBN 978-7-5620-7841-8

Ⅰ. ①农… Ⅱ. ①刘… Ⅲ. ①民事纠纷－调解(诉讼法)－中国
Ⅳ. ①D925.114.4

中国版本图书馆CIP数据核字(2017)第277065号

出 版 者　　中国政法大学出版社
地　　址　　北京市海淀区西土城路 25 号
邮　　箱　　fadapress@163.com
网　　址　　http://www.cuplpress.com (网络实名：中国政法大学出版社)
电　　话　　010-58908435(第一编辑部) 58908334(邮购部)
承　　印　　固安华明印业有限公司
开　　本　　720mm×960mm　1/16
印　　张　　11
字　　数　　179 千字
版　　次　　2017 年 11 月第 1 版
印　　次　　2023 年 1 月第 12 次印刷
印　　数　　73701～78700 册
定　　价　　32.00 元

编审人员简介

主　审：廖永安，博士，湘潭大学党委委员、副校长、教授、博士生导师，法学一级学科博士点和重点学科负责人，国家级法学实验教学示范中心主任，湖南省调解理论研究基地首席专家，国家精品课程"诉讼证据法学"主持人。兼任中国民事诉讼法学研究会副会长，中国仲裁法学研究会常务理事，湖南省法学会副会长，湖南省法学会诉讼法学研究会会长，湖南省检察学会副会长，湖南省立法学研究会副会长。获得湖南省首届优秀青年法学家、湖南省最具影响力的法治人物、全国"十大杰出青年法学家"提名奖等荣誉。

主　编：刘建宏，博士，湖南广播电视大学文法教学部主任、教授。兼任国家开放大学共享专业法律事务（农村法律服务方向）主持人、法学专业教学研究中心组成员、民法学课程核心团队成员，湖南省法学教育研究会副会长，湖南省教育厅高等职业院校学生申诉处理委员会委员，湖南省远距离教育研究会常务理事，上海建纬（长沙）律师事务所律师，长沙仲裁委员会仲裁员。主编教育部"一村一名大学生计划"教材——《农村常见法律纠纷处理实务》等 7 部教材。

副主编：夏年丰，益阳广播电视大学副校长、副教授，湖南省法学远程教育专业委员会副会长。

参　编：

宋义云，硕士，益阳广播电视大学终身教育办公室主任、副教授，湖南省法学远程教育专业委员会理事。

姚和平，益阳市司法局党组副书记、副局长。

前　言

　　本书是国家社科基金重大项目"构建全民共建共享的社会矛盾纠纷多元化解机制研究"课题的阶段性成果。

　　在农村社会结构深刻变化、利益格局重大调整的今天，农村各类社会纠纷日益增多。开展构建全民共建共享的社会矛盾纠纷多元化解机制研究，农村法律纠纷多元化解机制的内容是必不可少的。"构建全民共建共享的社会矛盾纠纷多元化解机制研究"课题组针对当前农村纠纷处理的实际情况，运用文献调研、实地调研、案例剖析、调查问卷等方法，从不同的角度对农村法律纠纷的调解机制进行了深入分析与研究，发现农村法律纠纷不能得到及时有效调解的一个重要原因是农村严重缺乏调解专业人才。为了确保项目研究的完整性和有效性，课题组将农村调解专业人才的培养机制纳入项目研究的内容，于 2015 年通过国家开放大学共建共享专业建设的方式，报请教育部在"一村一名大学生计划"中增设法律事务（农村法律服务方向）专业。《农村常见法律纠纷调解》一书是为该专业的"人民调解实务"课程编写的文字教材。

　　本书针对农民大学生的学习需求，以实用和够用为原则，主要介绍农村常见纠纷的调解实务，重在培养学习者调解农村法律纠纷的技能。在编写过程中，注重突出两点：

　　1. 实用性。以解析农村常见纠纷的调解问题为主线，帮助学习者掌握运用相关法律、法规调解农村常见纠纷的方法与技能。避免过多地阐释调解理论与调解制度的历史发展等非实用问题。

　　2. 通俗性。立足农村人民调解员的培养，力求运用通俗易懂、简明清晰的言语和简单而典型的案例阐释调解原理，尽量做到易学、易懂。

本书由刘建宏、夏年丰根据教学大纲拟定编写提纲，明确编写任务分工。全体编写人员按分工完成编写任务。刘建宏统稿并初步定稿，最后由廖永安审核定稿。各章编写分工如下：

夏年丰：第一章、第三章、第五章；刘建宏：第二章；姚和平：第四章；宋义云：第六章。

在本书的编写过程中，编者参阅和借鉴了相关部门的文献资料与有关学者的研究成果，参考了益阳市司法行政系统向编写组提供的系列典型调解案例。在此谨向相关部门、学者和益阳司法行政系统表示诚挚的谢意。

由于编者水平有限，错误和缺陷在所难免，恳请读者和专家批评指正。

刘建宏

2017 年 7 月

目　录

第一章 农村人民调解概述

学习目标

通过本章的学习，你将能够：

1. 复述民间纠纷解决的方式和农村人民调解的概念、特征与基本原则。

2. 描述人农村民调解组织机构的类型、设立、组成和人民调解员的任职条件与产生方式。

3. 树立人民调解员的职业纪律意识与职业道德观念。

4. 运用人民调解的基本原理和方法，分析、受理农村常见的民间纠纷。

5. 归纳、阐释农村人民调解的方法与技巧。

第一节 农村人民调解的概念

案例导入

2015 年 3 月，某村在外打工多年刘某某回乡，准备在邻近徐某某房屋一侧处盖一栋楼房。由于楼房结构的问题，刘某某新建房屋的楼顶檐口稍微高于徐某某家。按当地风俗，这是不吉利的。因此，徐某某阻止刘某某继续施工。然而，楼房已只差楼顶房檐没有完工，其余工程都已经完成。双方为此多次争吵，导致两家邻里关系十分紧张。在这种情况下，刘某某找到了村组干部要求调解。

（来源：苏东：《人民调解一本通》）

这类纠纷在农村是很常见的。解决这类纠纷的方式有很多，对于当事人来说，关键是要选择效率高、成本低的解决方式。如果你是村组干部或人民调解员，你认为解决这类纠纷可以选择哪些方式？你准备建议和引导当事人首选哪一种方式解决这类纠纷？当地风俗能否作为调解这类纠纷的依据？如果你不能回答以上问题，请学习本节的知识。

知识学习

一、调解的概念与类型

在法治社会，解决矛盾纠纷的方式一般划分为两大类：①非诉讼方式，是指不通过诉讼的手段来解决矛盾纠纷。其主要表现为自行协商和解、各种非诉讼的调解和仲裁。②诉讼方式，又称打官司，是指由法院进行审理和裁判。这是解决社会纠纷的最后途径，它又分为刑事诉讼、民事诉讼和行政诉讼。以上两类解决矛盾纠纷的方式中，都包含了调解的手段。可以说，调解几乎渗透在各种纠纷解决方式之中。

调解，是指在第三方的主持下，对纠纷当事人进行教育、疏导，促成各方自愿达成协议、解决法律纠纷的活动。根据调解的主体不同，调解可以划分为人民调解、法院调解、行政调解、仲裁调解、律师调解、亲友调解等种类。各种类型的调解，分别具有不同的法律效力。根据相关法律的规定，规范的调解主要有以下几种：

1. 人民调解。人民调解，是指在人民调解委员会主持下进行的调解。人民调解委员会是法定的专门开展调解工作的群众性组织，其成员扎根于群众之中，对群众之间的民事纠纷和轻微刑事案件知根知底，能动作用很大。

2. 行政调解。行政调解，是指在基层人民政府或者行政机关主持下进行的调解，是国家行政机关处理行政纠纷的一种方法，如交警主持交通事故损害赔偿调解、卫生行政部门主持医疗事故调解等。行政调解达成的协议不具有强制约束力。

3. 仲裁调解。仲裁调解，是指在仲裁机构主持下进行的调解。仲裁，是指在纠纷发生之后，由第三者居中予以裁决，以解决纠纷的一种方式。根据我国《仲裁法》《劳动争议调解仲裁法》《农村土地承包经营纠纷调解仲裁法》的规定，我国主要有三种性质不同的仲裁：合同和其他财产权益纠纷仲裁、劳动争议仲裁和农业集体经济组织内部的农业承包合同纠纷仲裁。性质不同的仲裁机构主持调解所达成的调解协议分别具有不同的法律效力。

4. 法院调解。法院调解，又称司法调解、诉讼内调解，是指在人民法院主持下进行的调解，分为民事诉讼调解、行政诉讼（行政损害赔偿）调解和刑事诉讼（自诉、刑事附带民事诉讼）调解，是诉讼行为，其调解协议经法院调解书确认即具有法律上的强制执行效力。

二、农村人民调解的概念

农村人民调解，是指在乡镇、村人民调解委员会的主持下，通过说服教育，规劝、引导纠纷当事人互谅互让、平等协商，依照法律、法规和社会公德自愿达成协议，从而消除纷争的一种群众性自治的纠纷解决方式。

在农村，相对于诉讼解决纠纷的形式而言，人民调解解决纠纷的方式更为村民群众所广泛接受。这是因为，农村人民调解具有以下优势：

1. 由村民熟悉的人民调解员主持进行，人民调解员是村民们选举或基层政府、村民自治组织聘任的人士，具有权威性，这就使得人民调解较之当事人自行解决纠纷更加客观公正。

2. 必须出于双方当事人的自愿，相对于诉讼形式的强迫命令而言，当事人得到了充分尊重。

3. 必须遵循法律规定，符合法定程序与公序良俗，合法性能够得到保证。

4. 有利于各方自我反思，互相谅解，消除怨恨，从根本上解决纠纷。

5. 农村调解委员会不收取费用，调解活动在当地进行，当事人解决纠纷的成本相对较低。

三、农村人民调解的特征

1. 单一性。农村人民调解面向的对象单一，主要是调解村民内部矛盾纠纷和涉及村民利益关系的纠纷，纠纷当事人和纠纷内容都离不开"三农"，不同于行业、公司内部和城市社区的人民调解。

2. 民主性。农村人民调解通过村民群众自我教育、自我管理、自我服务，在坚持平等自愿原则的基础上，化解村民内部的矛盾纠纷，是村民当家做主、行使农村社会事务管理民主权利的重要体现。

3. 自治性。农村人民调解坚持合法合理原则和不限制当事人诉讼权利原则，不强迫任何一方当事人接受调解或履行义务，不对当事人的人身或财产采取强制性措施。根据有关法律、法规的规定，对于人民调解协议，当事人应当履行，但如果一方当事人反悔，则允许另一方当事人向人民法院提起诉讼。人民调解协议没有强制执行的效力，这体现了农村人民调解的自治性。

案例简析

导入案例是一起因建房引起的农村邻里纠纷案件。

解决这类纠纷的途径有自行协商和解、调解、仲裁、诉讼等途径。自行协商和解，是指纠纷当事人自行就他们之间争议的事项，通过交流、说理、协商等方式达成一致意见进而解决纠纷的方式；合同和其他财产权益纠纷仲裁需要纠纷当事人事先或者纠纷发生后就争议的解决达成了仲裁协议，劳动争议仲裁和农业集体经济组织内部的农业承包合同纠纷仲裁只适用于特定的纠纷；诉讼，又称打官司，是解决纠纷的最后一道防线。

本案中，两家因为有过节，积怨较深，双方都憋着一口气，互不让步，因此自行和解的可能性不大；纠纷当事人没有订立仲裁协议，争议事项也不属于劳动争议仲裁和农业承包合同纠纷仲裁的特定事项，因此，不能提交仲裁；诉讼作为解决纠纷的最后一道防线，不宜作为纠纷解决的首选方式。因此，对于本案而言，人民调解是首选的、快捷的解决途径。

从本案解决的过程来看，调解人员会分别找两家人谈话，了解他们的要求与想法，依据法律和政策作出解释，就问题的解决进行协商。同时，调解人员会邀请两家都比较信赖的亲友参加劝导，促成纠纷妥善解决。经过一段时间的多次调解，徐某某和刘某某两家分别作出一定的让步，从而达成调解协议，协议内容为：①双方互赔对方因冲突造成的经济损失；②刘某某家檐口要与徐某某家一样齐；③两家南面迎面墙要水平平齐；④双方今后如因建房造成矛盾，应自行友好协调。本案的成功解决，体现了人民调解方便、快捷的特点。

第二节 农村人民调解的组织机构和人民调解员

🔊 案例导入

2015 年 1 月的一天，家住南阳镇某村的李奶奶精神恍惚地推开了司法所的大门，待工作人员安抚好他老人家的情绪后，李奶奶诉说了自己的遭遇。原来，李奶奶已 86 岁，育有 3 男 3 女，均已成家立业。2014 年初，子女间因家庭琐事闹矛盾后，都不愿赡养老人，无家可归的李奶奶只好在亲戚家暂住。同年 5 月，6 子女协商签订协议决定轮流赡养母亲，但协议签订后无一人履行。2015 年 1 月底，天气越来越冷，生活无保障、无家可归的老人不得已找到司法所讲述了她的不幸，要求解决问题。司法所立即联系南阳镇某村人民调解委员会。

（来源：盛永彬：《人民调解实务》）

李奶奶养育了 6 个子女，到 86 岁的时候无人赡养，令人气愤，也令人揪心。这类农村赡养纠纷，大多数是因为兄弟姐妹之间互相攀比、互推责任造成的。如果你是人民调解员，你认为村人民调解委员会是否应该帮助李奶奶解决无人赡养的问题？你认为应当以什么样的精神风貌和工作态度调解这一纠纷？农村人民调解员应遵循哪些职业道德？如果你不能回答以上问题，请学习本节的知识。

🔊 知识学习

一、农村人民调解的组织机构

农村人民调解的组织机构，也称乡镇、村人民调解委员会，是指在基层人民政府和基层人民法院的指导下，调解农村民间纠纷的群众性组织。目前，我国调解组织的建设形成了以村、社区人民调解组织为基础，多种形式并存的格局。

（一）农村人民调解的组织机构的特征

1. 群众性。农村人民调解组织是农村基层政府、基层群众自治组织的下设机构，既不是行政机关，也不是司法机关。农村人民调解员来自基层工作单位和村民群众，由基层单位通过聘任或者村民群众直接选举产生。

2. 自治性。农村人民调解的组织机构是独立于政府体系、有自身运作理念和运作机制的社会自治组织系统，其扎根于基层群众，能够自我管理、自我调节。农村人民调解组织之间地位平等，无隶属和指导与被指导关系，各组织独立自主受理、调解纠纷，只要不违背法律、法规、规章和社会公德，其他任何机关都无权干涉。

（二）农村人民调解委员会的设立形式

1. 村民委员会设立的人民调解委员会。村民委员会设立的人民调解委员会由村民会议或者村民代表会议推选产生的人民调解委员会委员组成。人民调解委员会成员可以由村民委员会的成员兼任。

2. 乡镇设立的人民调解委员会。乡镇人民调解委员会由司法所工作人员和村人民调解委员会主任及符合条件的志愿者组成，主要调解村人民调解委员会难以调解的疑难、复杂的民间纠纷和跨区域、跨单位的农村民间纠纷。

（三）农村人民调解委员会的组成

1. 村人民调解委员会由委员 3~9 人组成，每个人民调解委员会应当设立 1 名主任，必要时可以设立副主任。人民调解委员会应当有一定比例的妇女委员，少数民族地区应当有一定比例的少数民族委员。委员每届任期 3 年，可以连选连任。

2. 乡镇人民调解委员会委员应当具备高中以上文化程度，并符合下列条件之一：①本辖区设立的村民委员会的主任；②本辖区的司法助理员；③在本辖区居住的懂法律、有专长、热心农村人民调解工作的社会志愿者。

（四）农村人民调解委员会的任务

1. 调解农村民间纠纷，防止民间纠纷激化。这是人民调解委员会的首要任务。所谓农村民间纠纷，是指村民之间或村民与有关单位、个人之间发生的以民事法律关系、社会道德关系为内容的争议或争执。

2. 通过调解工作宣传法律、法规、规章和政策，教育村民遵纪守法，尊重社会公德，预防民间纠纷发生。

3. 向基层人民政府、村民委员会反映民间纠纷和调解工作的情况，取得村民委员会和基层人民政府对调解工作的重视和支持。

二、农村人民调解员

农村人民调解员，是指经村民群众选举或者接受聘任，在乡镇、村人民调解委员会的领导下，从事人民调解工作的人员。农村人民调解委员会委员、调解员，统称农村人民调解员。

（一）农村人民调解员的任职条件

1. 为人公正。

2. 联系村民群众。

3. 热心农村人民调解工作。

4. 具有一定法律、政策水平和文化水平。

5. 是成年的公民。

6. 系本村村民或者在本乡镇工作。

（二）农村人民调解员的产生方式和任期

1. 农村人民调解员的产生方式。农村人民调解员除由村民委员会有关负责人兼任的情形以外，一般由本村的群众选举产生，也可以由村民委员会聘任。乡镇、街道人民调解委员会委员由乡镇、街道司法所聘任。区域性、行业性、专业性的人民调解委员会委员由设立该人民调解委员会的组织聘任。

2. 农村人民调解员的任期。人民调解员任期 3 年，每 3 年改选或者聘任 1 次，可以连选、连任或连聘。

（三）农村人民调解员的种类

1. 兼职。兼职，是指人民调解工作并不是人民调解员的唯一工作，而是在从事其他工作的同时，还从事人民调解的工作。

2. 专职。专职，是指专门从事人民调解工作。专职人民调解员除了从事人民调解工作以外，不再从事其他的工作。

（四）人民调解的职业纪律和职业道德

1. 人民调解员的职业纪律：

（1）不得徇私舞弊。

（2）不得对当事人压制、打击报复。

（3）不得侮辱、处理纠纷当事人。

（4）不得泄露当事人隐私、商业机密。

（5）不得吃请受礼。

2. 人民调解员的职业道德。人民调解员的职业道德，是指所有人民调解员在履行职务活动中应该遵循的行业准则。具体包括：应当坚持原则，爱岗敬业，热情服务，诚实守信，举止文明，廉洁自律，注重学习，不断提高法律、道德素养和调解技能。

案例简析

导入案例是一起农村赡养纠纷案件。

调解农村民间纠纷，防止民间纠纷激化，是人民调解委员会的首要任务。人民调解员履行职务，应当坚持原则，爱岗敬业，热情服务，诚实守信，举止文明，廉洁自律，注重学习，不断提高法律、道德素养和调解技能。

导入案例中，调解人员听完老人的辛酸讲述，面对步履蹒跚的无助老人，工作人员立即将此事件定为疑难纠纷。次日，由村人民调解委员会组成调解小组，在查清事实的基础上展开调解。调解小组对 6 名子女进行了批评教育，从法理、人情、道德等多方面、多角度给当事人做工作，帮助他们提高认识，增强法制观念。经过调解小组的努力，6 子女均认识到自己的错误，当场表示要孝敬老人，并与李奶奶达成了协议：李奶奶跟随三儿子张某生活，其他两个儿子每年各支付赡养费 1800 元，3 个女儿每年各支付赡养费 650 元。案件最终得到妥善调解。李奶奶流着热泪颤巍巍地说："感谢党，感谢你们啊，我终于有家可回了。"这一调解过程体现了调解人员爱岗敬业、热情服务的良好职业道德。

第三节　农村人民调解的原则

案例导入

2016 年 8 月，刘大爷正在小区花坛旁观看邻居下棋。突然，一块巴掌大的混凝土块从天而降，正中刘大爷的后脑，致使刘大爷未到医院便身亡。后经警方调查，确认该混凝土块是小区某单元的 11 岁小孩李某所投。刘大爷的子女向李某的父母索赔 20 万元，由于李某的父母平时以打零工为生，无法满足刘大爷子女的诉求，于是，刘大爷的子女便向当地的人民调解委员会寻求帮助。

（来源：盛永彬：《人民调解实务》）

这类纠纷事实清楚，法律关系比较简单，关键是责任人没有足够的经济能力承担相应的责任。从务实的思维出发，应该尽量协调解决，避免诉讼，否则会雪上加霜，于事无补；同时，又不能简单地强迫当事人接受调解方案。因此，调解工作需要下一番功夫。如果你是人民调解员，你认为在本案的调解过程中应当适用哪些具体原则，才能促成当事人达成调解协议？如果你不能回答以上问题，请学习本节的知识。

知识学习

一、自愿原则

自愿原则，是指人民调解工作必须始终尊重当事人的意愿，不得将调解员的意志强加给纠纷当事人，更不能采取任何强迫措施。

1. 坚持自愿原则的意义。能够保证纠纷当事人与调解人员之间形成共同语言，取得较好的调解效果；有利于消除纠纷当事人之间的隔阂，保证调解的成功。

2. 贯彻自愿原则要注意以下几点：把自愿原则与说服教育的工作方法紧密联系在一起；处理好坚持自愿原则与主动调解的关系；调解协议不得违背法律、政策和社会公德。

二、平等原则

平等原则，是指在调解纠纷过程中必须保证各方当事人的法律地位平等。其主要包括：①纠纷当事人在调解活动中的法律地位平等；②调解人员对纠纷当事人在适用法律上一律平等；③调解人员与纠纷当事人的法律地位平等。

1. 坚持平等原则的意义。可以使调解人员取得当事人的信任，减弱或消除当事人双方的对立情绪，从而有利于纠纷的顺利调解；可以保证纠纷的妥善解决，增强纠纷当事人之间的团结。

2. 贯彻平等原则要注意以下几点：思想上高度重视，调解人员在调解活动中对纠纷当事人要一视同仁，营造平等的气氛，使双方当事人都能够充分陈述自己的意见和要求，敢于排除外界的非法干扰，不对任何外界势力低头，坚持真理。

三、合法原则

合法原则，是指人民调解必须依据法律、法规和国家政策的规定进行调解。其包含人民调解的主体资格合法、人民调解的纠纷管辖与受理合法、人民调解的程序合法。

1. 坚持合法原则的意义。遵循合法原则，是实现依法治国方略的现实要求；有利于及时、彻底解决纠纷，做到案结事了；也有利于提高人民调解的质量和效率，增强人民内部团结，维护社会稳定。

2. 贯彻合法原则要注意以下几点：正确处理合法原则与自愿原则的关系；正确处理公正与效率的关系，坚持公正与效率并重；提高调解人员的法律和政策水平；自觉接受基层人民政府和基层人民法院对人民调解工作的监督和指导。

四、合情合理原则

合情合理原则，是指农村人民调解组织和调解人员在调解纠纷时应遵循的，在不违背法律、法规、政策的前提下兼顾公理、人情，以当事人在情感上能够接受的方式和人们共同认同、信守的公德为标准，尊重当地的公序良俗进行调解。

1. 坚持合情合理原则的意义。在不违背法律、法规和国家政策的前提下，依照社会公德、村规民约、公序良俗、行业惯例调解纠纷，使当事人更加清楚地理解什么是合法、什么是违法，自己享有哪些权利、应该履行哪些义务，哪些行为应当提倡、哪些行为应被谴责，从而增强公民自觉地通过合法、合理的途径解决矛盾纠纷的意识和观念。

2. 贯彻合情合理原则要注意以下几点：准确运用调解衡平技术，以实现情、理、法的融合、衡平与协调，既要坚持以法律为依据，又要兼顾社会公德；准确把握情理限度，维护法律的权威；坚决反对迷信和陋习。

五、尊重当事人程序权利原则

尊重当事人程序权利原则，是指当事人在法律面前和程序上的地位一律平等；调解委员会调解不是其他解决纠纷途径的前置程序，不得因为未经调解委员会调解或调解不成而阻止当事人依法通过仲裁、行政、司法等途径维护自己的权利。

1. 坚持尊重当事人程序权利原则的意义。尊重当事人程序权利，有利于当事人自主选择最合适的途径解决纠纷，在纠纷的处理中就不会强迫当事人选择调解。这样，必然增强人们对人民调解的认同感，从长远来看，有利于人民调解事业的健康发展。

2. 贯彻尊重当事人程序权利原则要注意以下几点：①要确保各方当事人在法律面前和程序上的地位一律平等；②不能把某个地区诉讼到法院案件的多少，作为衡量人民调解委员会工作好坏的唯一标准；③不能在任何阶段以任何借口阻止当事人向人民法院起诉；④不能把贯彻尊重当事人程序权利的原则同人民调解组织主动积极地调解纠纷对立起来。

案例简析

导入案例是一起人身损害赔偿纠纷案件。

本案中，刘大爷的子女向当地人民调解委员会提出解决纠纷请求后，该调解委员会立即确定3名调解员对该纠纷进行调解，在调解人员的主持下，李某的父母表示，愿意尽其所能，哪怕是砸锅卖铁，也要对自己孩子的行为负责，并诚恳地向刘大爷的子女道歉。刘大爷的子女为对方的真诚所感动，考虑到对方的实际情况，自愿将原来的数额降低到6万元。双方签订协议后的第三天，李某的父母在亲朋好友的帮助下，凑足了6万元，通过人民调解委员会交给了刘大爷的子女。该纠纷双方当事人没有诉诸人民法院，而是在当地人民调解委员会的主持下使纠纷得到了顺利地解决。

在调解中，双方当事人在调解员的主持下接受调解、签订调解协议及全面履行调解协议等行为，都是双方的自主自愿行为，是在平等的前提下完成的。在本案的调解过程中，调解人员始终是对双方当事人进行耐心细致的说服、教育、引导和疏导，没有任何强加、强迫、强制性行为。双方当事人的意志和程序权利得到了充分的尊重。这一案例的调处过程和结果，是人民调解组织和调解人员遵守自愿原则、平等原则和尊重当事人程序权利原则的真实写照。

第四节　农村人民调解案件的受理与调解实施

案例导入

单女士是单家村的代管户，其祖辈长期居住在月形山上，主要以耕种山地为生。单女士在单家村 10 组附近的月形山上种植一块庄稼地与她的祖辈不同，单女士并未长期居住在山上。2012 年，单家村委会将月形山上的部分山地承包给本村的赵某耕种并负责看管，因单女士经常不住在山上，赵某饲养的鸡有时会进入单女士的菜地，导致双方多次发生争吵。有关情况陆续传到了村干部的耳中，村人民调解委员会开始关注双方的矛盾。

（来源：益阳市司法局）

纠纷苗头已经出现，但是纠纷当事人没有申请村人民调解委员会进行调解。如果你是人民调解员，面对这种情况，是否会考虑主动调解？村人民调解委员会在纠纷当事人没有申请调解的情况下主动介入，是否符合调解的程序？如果你不能回答以上问题，请学习本节的知识。

知识学习

一、农村人民调解的受案范围

（一）乡镇、村人民调解委员会可以受理和调解的案件

人民调解委员会调解的民间纠纷，包括发生在村民与村民之间、村民与法人机构、其他社会组织之间涉及民事权利义务争议的各种纠纷。

在农村，人民调解委员会调解的民间纠纷可以分为以下情形：

1. 农村土地纠纷。主要是农村土地承包纠纷、征地拆迁补偿纠纷、宅基地纠纷和自留地、自留山纠纷。

2. 农村婚姻家庭纠纷。主要是解除婚约引发的彩礼返还纠纷、离婚纠纷、分家析产纠纷、赡养纠纷、抚养纠纷和继承纠纷。

3. 农村生产经营纠纷。主要是种植纠纷、养殖纠纷、农村经济组织内部管理纠纷。

4. 农村侵权损害赔偿纠纷。主要是农村一般人身侵权、人格侵权、交通事故、医疗损害等引起的损害赔偿纠纷。

5. 社会管理事务纠纷。主要是农村邻里、物业管理、社会保障、劳动纠纷和群体性事件引发的纠纷。

（二）乡镇、村人民调解委员会在实践中对受案范围的拓宽

1. 调解内容的拓宽。在实践中，人民调解的受案范围突破了原有的范围，下列纠纷都逐渐被纳入人民调解可以受案的范围：

（1）劳动、山林、水利、用电、农机等各类民事纠纷。

（2）土地承包调整、土地征用、移民和小城镇拆迁。

2. 调解主体的拓宽。公民与经济组织、与管理部门之间的矛盾纠纷，只要双方同意，人民调解委员会也可以进行调解。

（三）农村人民调解委员会不能受理的纠纷

乡镇、村人民调解委员会不得受理调解下列纠纷：法律、法规规定只能由专门机关管辖处理的，或者法律、法规禁止采用民间调解方式解决的；人民法院、公安机关或者其他行政机关已经受理或者解决的。具休可以归纳为以下情形：

1. 法律、法规明确规定由有关部门管辖处理的。

2. 人民法院已经受理或正在受理的。

3. 已申请基层人民政府处理或处理完毕的。

4. 已构成犯罪或构成违反治安管理处罚行为的。

5. 一方当事人不同意调解的。

6. 其他不属于乡镇、村人民调解委员会受案范围的。

二、农村人民调解受案的条件

1. 有明确的对方当事人。申请调解一方，必须说明与谁发生争议，谁侵犯了自己的权益。

2. 有具体的请求目的。申请人必须说明请求调解要达到什么目的，解决什么问题。

3. 有基本事实依据和理由。申请人必须提出发生纠纷的基本事实及相应的证据、理由。

4. 纠纷属于人民调解委员会主管和管辖。此即符合人民调解民间纠纷受理范围，且在该人民调解委员会管辖地段之内。

三、农村人民调解受案的方式

（一）主动受理

人民调解组织根据群众反映、有关部门单位转告、纠纷信息员报告以及人民调解委员会在农村民间纠纷排查中发现的矛盾纠纷，主动及时登门调解。实践中，通过"三调联动"机制（即人民调解，司法调解和行政调解有机结合），进行诉前调解、诉中调解、警民联调、联合调解，都属于主动受理。

（二）申请受理

纠纷当事人双方或者当事人一方申请，另一方当事人愿意接受调解，同时又属于乡镇、村人民调解委员会受理范围的，应及时受理。

四、农村人民调解的基本程序

（一）案件的受理

1. 主动受理的程序：

（1）分析掌握的纠纷信息，作是否主动受理的决定。

（2）根据主动受理的决定，主动及时登门调解。

（3）询问各方当事人，是否愿意接受调解。

（4）制作询问笔录。

（5）填写受理纠纷登记表。

2. 申请受理的程序：

（1）接待当事人。主要是向申请调解纠纷的当事人了解有关调解的意向和纠纷的基本情况。

（2）审查当事人的申请。对没有法律法规禁止事由的申请，应当受理；对不符合受理条件的纠纷，应向当事人作出解释，并告知当事人到相关部门处理，但对于随时可能激化的民间纠纷，应当在采取必要的缓解疏导措施后，及时提交有关机关处理。

（3）制作接待笔录。接待笔录的内容至少应当包括：当事人姓名、纠纷事由、纠纷简要概况、当事人的要求、接待人签字等。

（4）填写受理纠纷登记表。

（二）调解的前期准备

1. 选定调解主持人和调解员。人民调解委员会对受理的民间纠纷，在调解前应当确定一名调解主持人作为首席调解员，并根据案情的复杂、难易程度和调解员的业务能力，确定若干调解员参与调解，也可邀请有关单位人员参加调解。

有下列情形之一的调解员，应当回避：

（1）调解人员与当事人是亲属关系。

（2）调解人员与当事人有其他关系，可能影响调解的公正性。

（3）调解人员与纠纷的处理结果有利害关系。

（4）有其他正当理由的。

遇有回避情形的，人民调解委员会应另行指定调解员，或由当事人提名，双方当事人都同意的调解员来主持。

2. 调查核实纠纷。调查的内容主要是纠纷性质、发生原因、发展过程、争议的焦点、目前所处的状态和发展程度以及证据和证据来源、当事人个性特征和当事人对纠纷的态度。重点是弄清纠纷症结和事实真相的关键情节。

调查的途径主要有：①耐心听取双方当事人的陈述，了解纠纷过程和他们的真实思想要求；②向纠纷关系人、知情人和周围的群众做调查，进一步掌握其他有关情况，并印证双方当事人的陈述；③到当事人所在单位了解情况，必要时可求得单位领导的支持；④有些纠纷还需到现场调查，有些疑难的伤害纠纷还须请有关部门进行伤情检查鉴定，查明伤害程度。

3. 拟定调解方案。调解方案大致应当包括：纠纷概况；争执的焦点；调解要达到的目的；调解具体涉及的法律、法规、规章、政策条款；调解过程中可能出现的问题及对策；具体的工作方法和工作重点；对调解可能达成的协议的基本设想。

4. 确定调解的地点、规模与形式。

（1）调解的地点。对案情比较复杂的纠纷应在人民调解室调解；对事实清楚、情节简单、争议不大的纠纷，可在田间、地头、当事人家里等地方进行调解。

（2）调解的规模。根据纠纷的性质不同，决定调解的规模。对于涉及隐私、不宜公开或者当事人不愿公开的纠纷应当仅限于纠纷当事人可参加调解会；对于家庭关系纠纷、邻里关系纠纷应仅限于纠纷当事人家庭范围内的人参加调解会；对于有教育意义和较大的纠纷，可以邀请村民旁听，以扩大教育。

（3）调解会的组织形式。调解会由 1～3 名人民调解员主持，纠纷当事人必须全部出席调解会，或委托代理人出席调解会。

（三）召开调解会议

1. 宣读调解纪律、告知当事人的权利义务。

2. 双方当事人陈述案件的事实与理由。

3. 调解员归纳当事人争议的焦点。

4. 组织学习法律、法规、政策、社会公德，调解员对当事人进行耐心细致的说服、教育和疏导，帮助当事人提高认识，解开思想上的问题，消除对立情绪，引导当事人对纠纷事实和所需要承担的责任及各自的权利义务达成一致意见。

（四）结案

1. 达成调解协议。经调解，由双方当事人平等协商后，达成一致意见，或由人民调解委员会提出解决纠纷的建议，由双方当事人认可，达成调解协议。

2. 调解不成立的处理。对于一次调解不成立的，可以中止调解，告知当事人延期另定时间继续调解；对于经多次调解仍无法达成协议的，在做好双方当事人稳定工作的基础上，终结调解，告知当事人向有关部门申请处理或向人民法院起诉。

（五）回访当事人

调解结案后，应在适当时间内回访当事人，了解协议履行情况，听取当事人和群众的意见，巩固调解成果。

案例简析

导入案例是一起由村人民调解委员会主动调解的成功案例。

人民调解最主要的受案方式是自行接案，又分为主动受理和申请受理两种形式。主动受理，是指人民调解组织根据群众反映、有关部门单位转告、纠纷信息员报告以及人民调解委员会在民间纠纷排查中发现的矛盾纠纷，主动及时登门调解。

本案中，村人民调解委员会发现纠纷苗头后，主动到实地进行查看，组织双方进行调解，要求赵某管理好家禽，并希望双方处理好邻里关系。经过调解委员会耐心细致的调解，双方达成调解协议：赵某管好自己饲养的鸡，修建鸡棚；单女士也做好自己菜地的保护措施，插上栅栏，防止小动物进入，两人不计前嫌，互谅互让。

人民调解委员会主动调解，完全符合法律规定。在调解过程中，调解员进行了实地查看，目的在于查明事实，分清是非。在与纠纷当事人谈话中，做到实事求是、态度诚恳地指出双方存在的缺点和错误，帮助他们端正态度，提高认识。调解以法律、政策、公序良俗为依据，对当事人进行说服，疏导矛盾。通过双方的平等协商，达成调解协议，当事人双方自觉履行协议。因此，村人民调解委员会的主动调解是正确的，使问题得到了很好的解决。

第五节 农村人民调解的方法与技巧

案例导入

村民张某辉是村民张某的亲叔叔。张某在新建住房时，未经协商就私占了张某辉的部分宅基地，且在建房过程中无故辞退了张某辉之子，双方因此发生纠纷。但张某辉考虑到双方是亲戚关系，未予声张。此后，经村委会同意，双方交换了一块承包田，约定张某不得将交换的田挖成蟹塘，但张某未遵守约定，影响了张某辉的棉花种植，加深了张某辉的怨恨情绪。后来，张某辉租用拖拉机到自己的承包田耕作，需从张某的老宅基地旁边的一条路上通过，张某以该路是其修建为由拒绝张某辉通行，双方再次发生纠纷，进而导致打架，经处理无果，双方的怨恨进一步加深。2015 年 8 月，张某准备对新建的住房外墙进行装修，但需临时占用张某辉的宅基地，张某辉认为报复的时机到了，坚决不让，致使张某的装修活动无法进行。后张某多次找亲戚、朋友出面协调，毫无效果。张某在万般无奈的情况下，请求村调解委员会调解。

（来源：益阳市司法局）

叔侄之间不顾亲情，撕破脸面，发生纠纷，是因为怨恨情绪占了上风。只要采取相应的调解策略，找对了方法，问题就可能迎刃而解。如果你是人民调解员，将怎样看待张氏叔侄之间的是非对错？将采取什么方法，运用什么策略解决纠纷？如果你不能回答以上问题，请学习本节的知识。

🎙 知识学习

一、农村人民调解的基本步骤

（一）弄清事实真相，分清是非曲直

了解纠纷的性质与真相，是有效调解民间纠纷的前提。接下来，要进一步分清是非曲直，明确纠纷当事人的是与非：是一方过错还是双方过错，过错的原因是什么，以及这种是非与法律和道德的要求有何冲突等。从而在此基础上确定责任承担者，并最终化解纠纷。

（二）调查研究

调查研究是弄清事实真相、分清是非曲直的唯一办法。一般情况下，民间纠纷发生时，人民调解员并不在现场，要了解纠纷的真实情况，必须深入群众，对当事人、证人进行调查，收集证据，据此对纠纷进行分析、研究，形成对纠纷的

正确认识。人民调解组织不能采取诉讼制度的证据规则，不能强制性地要求纠纷当事人提供证据。因此，了解事实真相必须依靠主动调查。

（三）说服、疏导，消除隔阂

在调解过程中，人民调解员要把自己放在与当事人平等的位置上，保持诚恳、和谐的态度，耐心听取纠纷当事人的不同意见，耐心地宣传国家的法律、政策，有针对性地对当事人进行说服、教育、疏导，运用国家的法律和政策，根据社会公德和民间风俗习惯的要求，对当事人进行说服、教育，耐心疏导，使当事人有所触动，对纠纷形成正确的认识，理性地对待纠纷，互相谅解，消除隔阂，化解纠纷。

二、农村人民调解的方法

（一）面对面调解

面对面调解，是指调解员将双方当事人召集在一起进行面对面调解，促其达成调解协议。例如，当事人之间对某个法律条文的解释、对某个合同条款的理解有争议，对某件事实的记忆不一致，对合同履行的时间与地点有分歧，但没有积怨和对立情绪，就可以面对面调解。

（二）背靠背调解

背靠背调解，是指不让当事人进行直接沟通，而由人民调解员分别对当事人进行说服、教育，指出不足，提出建议，使双方不断让步，使分歧趋于接近，从而达成调解协议。例如，一方当事人怀疑对方故意刁难自己，让自己丢了面子，一见面就情绪激动、大骂对方，积怨或误会较深，这时，就只能背靠背调解。

（三）赞扬肯定

赞扬肯定，是指对当事人的优点、长处与积极配合的态度给予适当的赞扬和肯定，营造良好的调解氛围，缩短调解人员与当事人的距离，增强当事人对调解工作的认同感，促使当事人自愿作出让步，达成调解协议。例如，对一方当事人主动表示让步的态度及时予以肯定，以营造良好的调解氛围，影响对方。

（四）引导换位思考

引导换位思考，是指引导当事人站在对方的立场和角度思考问题，从而理解对方的诉求，做出让步，自愿达成调解协议。例如，调解婆媳纠纷时，就可以引导双方换位思考，尽量去理解和谅解对方。

（五）抓住苗头

抓住苗头，是指针对纠纷当事人的思想和行为不断变化的特点，抓住带有苗头性、倾向性的问题，及时分析变化的现状、原因，提出解决纠纷的对策，把纠纷解决在萌芽状态，防止矛盾的扩大和深化。例如，人身损害赔偿纠纷的受害方亲戚几次流露出要"打回来"，调解人员就要注意这一苗头，及时疏导、劝说，制止矛盾的扩大。

（六）重点突破

重点突破，是指调解复杂的民间纠纷时，要抓住主要矛盾，突出调解工作重点，解决最关键的问题，促成整个纠纷的解决。例如，群体性纠纷、家族纠纷的调解，就应当抓住纠纷中起关键作用的人物，首先对其进行说服、劝解，形成初步调解结果，从而带动其他当事人接受该调解结果。

（七）模糊处理

模糊处理，是指对一些非原则性的问题和无法分辨对错的问题不予深究，点到为止，按照矛盾的大致发展方向，对纠纷做出的大致处理。例如，涉及友谊、感情因素和家庭事务的纠纷，一般应当采用这种方法调解。

（八）一分为二

一分为二，是指站在公正、中立的立场上，客观、真实地对当事人的行为作出评价，对有理的方面给予充分肯定，对错误的方面进行必要的批评，促使当事人形成正确的认识，从而达成调解协议。例如，调解夫妻矛盾时，对于勤俭持家的行为给予肯定，同时对脾气暴躁、经常骂人的毛病给予适当批评，这就是一分为二。

（九）适当拖延

适当拖延，是指在当事人情绪激动，失去理智，有可能激化矛盾、引发刑事案件的情况下，先采取有效的方法和策略，制止事态扩大和蔓延，先不急于调解，而是等待时机成熟时再进行调解。例如，产妇在医院死亡，死者丈夫扬言要一命抵一命，这时就应当适当拖延，等待时机成熟时再进行调解。

（十）唤起旧情

唤起旧情，是指利用夫妻、家庭成员、亲戚朋友、邻居等当事人之间对过去共同生活与友好交往中的美好经历或回忆，来缓和矛盾，促使双方相互谅解，共同向和好方向转化。例如，刘某、单某离婚一案，主要因女方单某平时过于好强，伤害了夫妻感情，调解人员着重讲述了刘某生病开刀住院期间，单某是如何对刘某悉心照料并因此累病的情形，刘某听后深受感动，当即表示了和好的愿望。

（十一）舆论引导

舆论引导，是指利用当事人一般都不愿意成为社会、群体"另类"的心理，通过舆论引导，促使当事人转变认识，达成调解协议。例如，调解相邻关系纠纷时，可以广泛听取村民群众的意见，通过家族长辈、当地知名人士、新闻媒体做工作，营造良好的舆论氛围，促使达成调解协议。

（十二）整合力量

整合力量，是指对于复杂的纠纷，可以整合政府、村集体及当事人的亲人、战友、同学、老师等有效的社会力量，形成合力，从各方面进行说服、劝解，促使调解协议的达成。例如，调解水产养殖纠纷、种植纠纷、群体性纠纷时，可借助政府相关部门、村委会、新闻媒体等多方力量促成调解协议的达成。

三、农村人民调解的技巧

（一）把握调解的时机

当有利时机出现时，不论是否在工作日和上班时间内，都要果断地立即进行调解，不必拘泥于常规。

对于时间长、隔阂深、问题比较复杂的纠纷，要耐心等待，找到恰当的时机再进行调解。

在调解过程中，要把握好时间节点与火候，注意提出纠纷解决方案的最佳时机。

（二）营造调解的氛围

可以灵活选择调解地点，包括在田间地头、晒谷场、当事人的家里进行调解，缓和气氛，体现调解的服务理念。

可以布置圆桌会议，避免过于严肃，营造各方当事人平等地参加调解会的氛围。

经双方同意，可以邀请媒体和有关人员参加旁听，营造公平公正公开调解的氛围。

（三）注意当事人表现的细微变化

调解中，当事人表现出来的许多细微变化往往反映了最真实的内心想法，如果运用得当，就可能成为调解的突破口。例如，脸色突然变得苍白，突然流泪，外向型性格的人突然沉默不语，内向型性格的人突然歇斯底里地大喊大叫，充满自信的强硬者突然语气变得温和，伶牙俐齿的人突然变得说话结结巴巴，在正常温度下额头冒汗等，都意味着调解工作触及了深层的问题。调解人员要善于察言观色，捕捉、分析当事人表现出来的细微变化，弄清楚其内心的真实想法，对症下药，一举突破。

（四）恰当地使用语言

针对调解对象和纠纷内容的不同特点，采用适合当事人的理解能力和心理状态的调解语言，说话留有余地，讲究分寸，言之有据，决不能信口开河与含混不清。

当某些调解信息不宜明确表达，或为了照顾当事人的自尊和面子时，可以采用含蓄用语，达到对方理解的程度即可，如谈话涉及个人隐私、明显的生理缺陷，一般应当含蓄描述。

为了打破僵局，缓解当事人之间的紧张气氛，可以适当使用一些幽默语言。

对于胡搅蛮缠、有错不认、拒不履行法定责任的当事人，要使用一些比较严厉的、具有震慑作用的语言，使其认识到抵赖毫无意义，促使其转变态度，愿意接受合理的解决方案。

对遭遇不幸和犯错后表示悔恨、自责的当事人，要语重心长地用期待性语言予以安慰、鼓励，启发当事人内在的动力，以争取更好的调解效果。

在不同的情况、背景、对象等因素的语言交流氛围中，音量、语速、语调和节奏等"副语言"都应当有所不同，从而强化运用语言技巧的效果。

（五）有效地表达情绪

在调解中，调解人员以目光凝视、严肃的面部表情、长时间沉默、站立起来及各种手势等，表达自己的某种态度倾向，对当事人施加相应的心理影响，强化信息传递的效果。

案例简析

导入案例是一起农村邻里纠纷案件。

本案中，调解人员通过调查纠纷当事人、走访群众、到现场查看等方式，了解了纠纷的真实情况，鉴于当时双方的情绪比较激动，不适合立即调解，调解人员决定暂缓调解。几天后，调解人员冒着高温酷暑，再次来到当事人家中对该纠纷进行调解，劝说当事人要珍惜乡情、亲情、友情，辨清法理、道理、情理。通过深入细致的思想工作，双方终于被调解人员认真负责的工作精神所打动，双方在自愿、平等的基础上达成了协议，纠纷彻底化解，叔侄二人又和睦如初。

调解人员主要是运用了适当拖延、唤起旧情和模糊处理等方法。在双方情绪激动、调解时机尚不成熟时，不能急于求成，先做前期调研等准备工作，对当事人进行冷处理，再通过持之以恒、耐心的工作，待双方的情绪安定下来，立即抓住调处与疏导的最佳时机，着手调解。由于当事人双方的恩怨由来已久，已经很难分清是非对错，调解员不急于得出谁对谁错的结论，而是运用模糊处理、唤起旧情的方法，对当事人进行劝说，希望当事人珍惜亲情，遵循法理、道理、情理，使矛盾得到圆满解决。

从本案还可以看出，很多矛盾其实都是因为一些生活琐事引起的，并无根本的利害冲突，调解时，应淡化一些无关紧要的纠纷原因，帮助当事人恢复良好的人际关系。

本章考核重点

纠纷调解的方式；农村人民调解的概念与特征；农村人民调解的基本原则；农村人民调解组织机构的类型与组成；农村人民调解员的条件和职业道德；农村人民调解的受案范围；农村人民调解的程序；农村人民调解的方法与技巧。

练习题

一、判断题（判断下列说法是否正确。若正确在括号内画√，否则画×）

1. 调解几乎渗透在各种纠纷解决方式之中。（　　　）

2. 人民调解解决的民间纠纷是人民内部矛盾，调解的目的是平息人民群众之间的纷争，增强人民内部团结，维护社会稳定，实现群众自治。（　　　）

3. 刘某某是刘家村村民委员会的治安调解委员，刘某某不能兼任刘家村村民委员会设立的人民调解委员会成员。（　　　）

4. 坚持合情合理原则，意味着在某些情况下可以不按法律规定解决纠纷。（　　　）

5. 人民调解委员会调解的民间纠纷，包括发生在公民与公民之间、公民与法人、其他社会组织之间涉及民事权利义务争议的各种纠纷。（　　　）

二、单项选择题（每小题的4个选项中有1项正确，请将正确选项的序号填在括号内）

1. （　　　）被认为是一项具有中国特色的、具有深厚中华民族传统文化内涵的法律制度，是诉讼程序之外化解矛盾、消除纷争的非诉讼纠纷解决方式。被国际社会誉为"东方经验""东方之花"。

（1）人民调解　　　　　　　　（2）法院调解

（3）行政调解　　　　　　　　（4）仲裁调解

2. （　　　）不属于人民调解的基本原则之一。

（1）自愿原则　　　　　　　　（2）合法原则

（3）合情合理原则　　　　　　（4）服从大局原则

3. （　　　）不属于人民调解的组织机构。

（1）某市大黎镇牛岭村村民委员会、西区大西门居民委员会设立的人民调

解委员会

（2）某市大黎镇、荷塘街道设立的人民调解委员会

（3）某市工业职业学院学生申诉处理委员会

（4）某市自来水公司根据需要设立的人民调解委员会

三、多项选择题（每小题的 4 个选项中至少有 2 项正确，请将正确选项的序号填在括号内）

1.（　　），是人民调解案件的受理条件之一。

（1）有明确的对方当事人。

（2）有具体的请求目的。

（3）有基本事实依据和理由。

（4）纠纷属于调委会主管和管辖。

2.（　　）是人民调解的具体方法之一。

（1）赞扬肯定　　　　　　　（2）模糊处理

（3）唤起旧情　　　　　　　（4）舆论引导

第二章　农村土地纠纷调解

通过本章的学习，你将能够：

1. 复述农村土地承包、自留地、自留山、宅基地、相邻关系、征地拆迁基本法律制度。

2. 描述农村常见土地纠纷的情形。

3. 运用农村土地承包、征地拆迁、自留地、自留山、宅基地、相邻关系等法律与政策知识调解农村常见的土地纠纷。

第一节　农村土地承包纠纷的调解

案例导入

郭某与孟某系同村村民。1999 年，双方各自在村里承包了 4 亩土地，期限为 30 年。2002 年，双方达成口头协议，约定由郭某无偿流转 3 亩地给孟某耕作，此事得到村委会的认可，但对流转的形式、期限等未作约定。后双方按此约定以各自名义（郭某按 1 亩而孟某按 7 亩的面积）向村委会履行了承包合同义务。2004 年秋，郭某要求孟某退回流转的 3 亩田，欲自行耕种，孟某不同意，为此双方发生纠纷，要求人民调解委员会解决。

（来源：吴玉华：《人民调解案例》）

郭某和孟某双方达成口头协议，由郭某无偿流转 3 亩地给孟某耕作，村委会也认可此事。按理说，两人应该相安无事，可现在却发生了纠纷。如果你是人民调解员，你认为这一宗承包地的流转行为是否合法有效？应当怎样开展调解，促成双方达成调解协议？如果你不能回答以上问题，请学习本节的知识。

知识学习

一、农村土地承包基本法律制度

农村土地承包，是指农村集体经济组织内部成员的土地家庭承包，以及通过招标、拍卖、公开协商等方式确定的荒山、荒沟、荒丘、荒滩等农村土地的承包。

（一）农村土地"三权分置"

为了建立城乡统一的土地市场，国家实行农村土地所有权、农村土地承包权和农村土地经营权"三权分置"。农村集体经营性建设用地可以平等入市，农村土地承包权和经营权可以依法流转。

（二）农村土地的承包期

耕地为30年，草地为30年~50年，林地为30年~70年。特殊林木林地的承包期，经国务院林业行政主管部门批准可以延长。

（三）农村土地承包权的内容

农村土地承包权，是指农村土地承包人对其依法承包的土地享有占有、使用、收益和一定处分的权利。其主要包括以下内容：

1. 经营自主权，是指承包人在生产经营方面自主决策和自主经营的权利。

2. 收益权，是指承包人占有在承包地上开展经营活动所得利益的权利。

3. 收益的处分权，是指承包人对自己承包经营的收益进行处分的权利，如出售、自用、赠与他人。

4. 流转权，是指承包人将土地承包经营权流转给第三人，由第三人行使部分土地承包经营权的权利。

5. 优先承包权，是指在农村土地发包或者土地承包、经营权流转过程中，本集体经济组织的成员在同等条件下有优先于本集体经济组织以外的单位或者个人获得土地承包权的权利。

6. 继承权，是指承包人在承包期内死亡的，该承包人的继承人有权继承原承包合同权益的权利。

（四）农村土地承包、经营权流转制度

农村土地承包权和经营权流转，是指农村土地承包权和经营权的主体（即承包权人、经营权人）发生变更。

1. 农村土地承包经营权流转应当遵守的原则。

（1）平等协商、自愿、有偿，任何组织和个人不得强迫或者阻碍承包方进行土地承包经营权流转。

（2）不得改变土地所有权的性质和土地的农业用途。

（3）流转的期限不得超过承包期的剩余期限。

（4）受让方必须具有农业生产经营能力。

（5）在同等条件下，本集体经济组织成员享有优先权。

2. 农村土地承包权、经营权流转的方式。

（1）转包。转包，是指承包方在剩余承包期内将部分或全部土地承包经营权以一定期限转给本集体经济组织的其他农户从事农业生产经营。转出方与集体的关系不变，受转方与转出方的权利义务通过转包合同另行约定。

（2）出租。出租，是指承包方在剩余承包期内将部分或全部承包地让渡给非本集体经济组织的经营者，转出方与集体的承包关系不变，与承租方另行签订土地出租合同。

（3）互换。互换，是指承包方之间为方便耕种或者各自需要，对属于同一集体经济组织的土地承包经营权进行交换。

（4）转让。转让，是指承包方有稳定的非农职业或收入来源，经发包方同意将承包地让渡给其他农户经营，由受让方与发包方确立新的承包关系，转出方与发包方在该土地上的承包关系即行终止。

（5）入股。入股，是指承包方将土地承包经营权量化为股份，作为出资投入到其他经营组织。入股分为股份合作和入企业股：股份合作，是指承包农户之间为发展农业经济，自愿联合将承包土地量化为股份，以从事农业合作生产。入企业股，是指将土地量化为股份投入企业作为赚取回报的投资。

（6）抵押。抵押，是指土地经营者作为债务人不转移对土地的占有，而是将土地经营权作为债权的担保，当不能履行债务时，债权人有权依法将该土地经营权处置并将其价款优先受偿。

（7）代耕及其他。这些流转方式一般比较灵活，期限也比较短，多数情况下不一定签订流转合同。土地承包经营权流转的主体是承包方，承包方有权依法自主决定土地承包经营权是否流转或流转的方式。承包方将土地交由他人代耕不超过1年的，可不签订书面合同。

二、农村土地承包纠纷的主要情形

农村土地承包纠纷，是指因农村土地承包权归属和承包人依法取得农村土地承包权之后产生的合同、流转、侵权、继承等纠纷。

以纠纷的内容为标准，可以将农村土地承包纠纷分为以下类型：

1. 因订立、履行、变更、解除和终止农村土地承包合同发生的纠纷。

2. 因农村土地承包经营权转包、出租、互换、转让、入股等流转发生的纠纷。

3. 因收回、调整承包地发生的纠纷。

4. 因确认农村土地承包权发生的纠纷。

5. 因侵害农村土地承包权发生的纠纷。

6. 法律、法规规定的其他农村土地承包纠纷。

三、调解农村土地承包权纠纷应当注意的事项

1. 要确保农村集体组织成员享有平等的承包权，不允许仟何人享有特权。对集体组织成员资格的认定，一般以户籍地、经常居住状态和从事农业生产是否为某成员的基本生活经济来源三个因素决定。具有集体经济组织成员资格不仅可以平等地享有土地承包权，而且还有权平等地获得承包地被征地的补偿费用。

2. 要确保妇女和男子享有平等的土地承包权。承包中，应当保护妇女的合法权益，任何组织和个人不得剥夺、侵害妇女应当享有的土地承包权。承包期内，妇女结婚，在新居住地未取得承包地的，发包方不得收回其原承包地；妇女

离婚或者丧偶，仍在原居住地生活或者不在原居住地生活但在新居住地未取得承包地的，发包方不得收回其原承包地。

3. 确保本村集体经济组织成员对集体土地享有优先承包权。土地承包优先权，是指农村土地发包或流转时，在同等条件下，本集体经济组织成员对农村土地享有优先承包权。承包优先权具有法定性、权利主体的特定性、权利的行使以同等条件为前提、为土地承包权利的从权利四个特征。

4. 特殊群体的集体经济组织成员资格认定及其承包地的调整。农村回迁户成员资格及土地承包权，外出读书、服兵役成员资格及土地承包权，外出务工农民成员资格及土地承包经营权，开除公职人员其户口迁入农村集体经济组织，是否重新分配承包耕地，由村民大会或农户代表会议讨论，并经参会 2/3 以上代表通过的，可以从集体机动地、依法收回承包耕地或新开垦的土地中调整，对调整后的土地使用权进行确权登记。也可采取土地流转的转包、出租等形式解决。户口转入农村时与集体经济组织有约定的，从其约定。

5. 服刑犯人的承包地处理。犯罪服刑被依法注销户口的农民，已经不属于当地集体经济组织的成员，他的承包地一般都应当收回。但是，对服刑时间不长，一两年或几个月就将刑满释放的人，应当给予其生活出路，对于刑满释放后回家继续务农的，对他们的承包地可以不做调整，由其亲属耕种。

案例简析

导入案例是一起农村土地承包经营权转让纠纷案件。

本案中，郭某与孟某均是本村的承包户，双方自愿流转土地承包经营权的行为得到了村委会的认可，流转后孟某未改变土地的农业用途，根据《农村土地承包法》的有关规定，双方的土地承包经营权流转形式符合土地承包经营权的流转原则，是有效的民事行为。

我国《合同法》对转包和转让的概念有着明确的规定。转包，是指承包人把自己承包项目的一部分或全部，以一定的条件发包给第三者，由第二份合同的承包人向第一份合同的承包人履行，再由第一份合同的承包人向原发包人履行合同的行为。转让，是指承包人自找对象，由第三者代替自己向发包人履行承包合同的行为。二者有着本质的区别。

孟某是以自己的名义，以流转后的土地面积加原来承包的土地面积共 7 亩向村委会履行合同义务，而郭某对流转的 3 亩土地已不再向发包方履行义务，发包方也是以孟某为义务人，以变更后的面积收取承包费等费用；郭某履行的义务是变更后的 1 亩地的义务。因此，双方的土地承包经营权流转的形式应认定为转让。承包合同转让后，由受让人孟某与发包人村委会确立新的承包关系，原承包方郭某与发包方村委会就该土地的承包关系即行终止。

人民调解委员会通过向双方了解情况，审阅相关材料，走访村委会、镇经管站等部门，掌握了本案的全貌。依据《农村土地承包法》和《合同法》的有关规定，确定双方的土地承包经营权流转的形式为转让，而非转包，说服郭某放弃了要求退回田地的请求。

第二节 农村自留地、自留山纠纷的调解

案例导入

丁某与单某均为某市 A 区南山街道办一村的村民。1980 年，该村分别成立了一组和二组，丁某与单某分别为一组、二组的成员。当时一组分给丁某一块自留地，但一直未种植物，也未做其他用途。单某利用丁某自留地的一部分种菜，丁某也未理会。直到 2014 年 5 月，单某将所占用的地块进行清理，准备打地基建房，遭到了丁某的反对，丁某提出该自留地属于丁家使用，要求单某退出所占地块。村委会对两家的纠纷进行了调解，但未解决争执。丁某声称，要将单某告上法庭。南山街道人民调解委员会接手调解。

（来源：益阳市司法局）

自留地属于村集体所有，是根据政策划分给村民种植的农用地。村民对自留地享有使用权。本案的事实非常清楚，案情并不复杂。关键的问题是，单某长期占用丁某的自留地种菜，是否在事实上就取得了该地的使用权呢？如果你是南山街道的调解员，你认为丁某的要求是否合理？丁某能否直接向法院起诉？你将怎样调解这一纠纷？如果你不能回答以上问题，请学习本节的知识。

知识学习

一、自留山、自留地基本制度

自留山，是指由农村集体经济组织按规定分给其成员使用和经营的小块山林。农民对在自留山上栽植林木，抚育改造和发展林副业产品有自主权，其林木和其他林副产品可以自用，也可以出售，但自留山的所有权仍归集体所有。

自留地是由农村集体经济组织按规定分给其成员经营家庭副业以满足家庭生活和市场需求的土地。

1. 关于自留地、自留山的政策规定。自留地、自留山长期归农民使用，种植物归农民个人所有，以作为农民个人生活和收入的补充来源。在巩固和发展集体经济的同时，应当鼓励和扶持农民耕种自留地、自留山，增加个人收入，活跃农村经济。

自留地、自留山属于集体所有，其成员只有使用权，不得出租、转让或买卖，也不得擅自用于建房等非农业生产用途。自留地生产的产品归农民自己支配。自留地、自留山的经营权受国家政策保护，不得随意侵占。

2. 自留地、自留山纠纷的调处依据。自留地、自留山没有被纳入农村承包土地管理范畴，现行法律、行政法规、地方性法规以及司法解释均未对自留地、自留山的经营方式和经营权作出具体规定。其建立、取消、恢复等均由国家政策来规定和调整。《中共中央、国务院转发国家农委〈关于积极发展农村多种经营的报告〉的通知》和村集体划定自留地、自留山的原始记录，是调处自留地、自留山纠纷的重要依据。

二、自留地、自留山纠纷的主要情形

自留地、自留山法律纠纷，是指农村集体经济组织的成员在经营、管理、使用自留地、自留山过程中发生的纠纷，主要有以下情形：

1. 自留地、自留山权属纠纷。

2. 自留地、自留山相邻纠纷。

3. 自留地、自留山流转纠纷。

4. 自留地、自留山侵权纠纷。

三、调解自留地、自留山纠纷应当注意的事项

1. 所有权和使用权分离。自留地、自留山的所有权属于农民集体，农民个人只享有使用权。农民经营的自留地、自留山的收益，如种的庄稼、果木、药材等，则为农民个人所有。农民去世后，这些收益可以作为遗产由继承人继承。

2. 稳定不变。对已经划定的自留山，由农户长期无偿使用，允许继承。由于农村集体经济组织都是按家庭人口、劳动能力，以农户为单位分配的，所以我国农民使用的自留地、自留山一般不作过多调整，以保持其稳定性。家庭个别成员死亡，并不妨碍其他家庭成员对自留山、自留地的经营和使用。

3. 明确林木权属。自留山上的林木包括划定时的天然林和已栽植的人工林，除划分时对原有树木有协议的按协议执行外，没有协议的一律归农户个人所有，允许出售、转让。林木采伐均要有证，房前屋后除外。

4. 不能补划或重划。一个村组内若存在自留山面积不均、没有自留山等问题，原则上不予调整。对群众反映强烈的，要适当考虑，给予适量多分承包山的办法予以解决。

5. 不能收回。20 世纪 80 年代划分自留山时，如果当时县（区）以上人民政府有规定，对 3 年以上不造林、不管护、不治理，经县级林业主管部门认定，已经由村集体依法收回的，确认有效。其余已经划定的自留山，乡镇政府、村组集体经济组织一律不得收回。

6. 明确四至面积。一般自留山的面积比林权发证的面积大，原则上"面积服从四至"，按划分的边框四至重新确定面积。如果四至不清，各户又不能达成一致意见，可以将面积按比例平均分摊，现场勾划，测绳丈量面积，明确四至，栽植交界树，逐块登记，绘制图纸。

7. 明晰零星树木权属。对自留山上原归集体所有的零星较大树木，当时有协议或规定的按原协议或规定执行，如没有协议或规定的，无偿划给自留山农户。

案例简析

导入案例是一起自留地使用权纠纷案件。

自留地属于集体所有的土地，个人可以使用。我国《宪法》《土地管理法》等都对农村自留地作了明确规定。《宪法》第10条第2款规定："农村和城市郊区的土地，除由法律规定属于国家所有的以外，属于集体所有；宅基地和自留地、自留山，也属于集体所有。"《土地管理法》第8条第2款同样规定："农村和城市郊区的土地，除由法律规定属于国家所有的以外，属于农民集体所有；宅基地和自留地、自留山，属于农民集体所有。"该法第9条还规定："国有土地和农民集体所有的土地，可以依法确定给单位或者个人使用。使用土地的单位和个人，有保护、管理和合理利用土地的义务。"由此可见，农村自留地有别于宅基地、承包地，均属于农民集体所有。不同的是，自留地是没有政府颁发证书来认可的，容易产生纠纷。

我国《土地管理法》第16条规定："土地所有权和使用权争议，由当事人协商解决；协商不成的，由人民政府处理。单位之间的争议，由县级以上人民政府处理；个人之间、个人与单位之间的争议，由乡级人民政府或者县级以上人民政府处理。当事人对有关人民政府的处理决定不服的，可以自接到处理决定通知之日起30日内，向人民法院起诉。在土地所有权和使用权争议解决前，任何一方不得改变土地利用现状。"

单某在丁家房屋前有权属争议的土地上准备建房而引发纠纷，双方应当通过协商来解决纠纷。如果协商不成，单某和丁某应向当地政府申请调处，不能直接向法院起诉。政府作出处理决定后，任何一方如果不服，才能到法院提起诉讼。现丁某与单某因自留地的使用权发生争议，在多次协商不成的情况下，应首先申请人民政府处理，对处理结果可以申请复议。对人民政府处理决定不服的，当事人可以提起行政诉讼。该纠纷在政府处理前，不属于人民法院直接受理民事诉讼的范围。

街道调解人员在经过全面调查核实的基础上，对案件进行了认真分析，认为单某占用丁某闲置的自留地种菜的行为并不能导致该自留地使用权发生转移。调解人员向单某作了详细解释，指出其行为的错误，同时建议村委会给单某划定一块条件与面积和该地块大体相当的宅基地，以解决其实际困难。单某表示接受。丁某也表示接受调解。双方握手言和。

第三节　农村宅基地纠纷的调解

案例导入

　　资阳区某村农民吴甲在 2000 年分到一块宅基地，在城镇生活的弟弟吴乙出资 3 万多元给他盖了一处房子。后来两人关系恶化，吴乙认为房子是他出钱盖的，应该属于自己，就让媳妇带着儿子强行搬进该房，并要把吴甲赶出去，而吴甲坚持宅基地是属于自己的，要吴乙把房子拆了，双方闹得不可开交。后来，吴乙扬言，限吴甲 3 天之内搬出房子，否则就到法院起诉。从未打过官司的吴甲无奈之下来到村调解委员会咨询。

（来源：益阳市司法局）

　　兄弟之间因为关系恶化而在房子问题上发生争执，真要打起官司，必然两败俱伤。如果你是村调解委员会的调解员，你认为应怎样妥善解决这两兄弟之间的矛盾？你将采用什么方法进行调解？如果你不能回答以上问题，请学习本节的知识。

知识学习

一、农村宅基地基本法律制度

　　农村宅基地，是指农村的农户或个人用作住宅基地而占有、利用本集体所有的土地。

（一）农村宅基地的类型

农村宅基地包括以下几种类型：

1. 建了房屋的土地。

2. 建过房屋但已无上盖物、不能居住的土地。

3. 准备建房用的规划地。

（二）农村宅基地的特征

1. 所有权属于农村集体。宅基地所有权属于农村集体经济组织。

2. 使用权仅限本集体经济组织特定的成员享有。宅基地使用权仅限本集体经济组织特定的成员享有，农村村民申请宅基地只可向本集体经济组织提出，特定村民申请取得宅基地后只可自己建房。

3. 一户一处宅基地。村民一户只能拥有一处宅基地，其面积不得超过省、自治区、直辖市规定的标准。

4. 不可流转性。特定村民申请取得宅基地后只可自己建房，不可将其出卖、转让。新的土地制度改革方案中，允许宅基地抵押。

5. 取得方式的多样性。法律规定，宅基地通过申请、批准的方式获得，还可以通过继受的方式（如房屋买卖、接受赠与或遗赠、继承等方式）获得。

（三）农村宅基地的范围与面积

农村宅基地面积以"户"为单位划定，包括主体建筑物住宅和场地设施两个部分，不包括农业晒场用地。具体按以下方法确定：

1. 房前屋后砖石砌成的台阶或花坛应计算到房主的宅基地中，若无台阶，应根据该户主要活动场所的位置（房前或屋后）适当计算一定宽度的面积。

2. 由属于同一户的建（构）筑物形成的三面或封闭的区域，如由主房、厨房、猪圈三面合起来的地段，能为一户使用，应计算为该户的宅基地。

3. 若空地上某户种植的植物使得该土地不能有其他用途时，应计算为该户的宅基地。

4. 凡是由某几户共同使用而不是作为公共用地的地段，应分摊到各户中去。

5. 由属于同一户的建（构）筑物所围成的不能移作他用的死角空地应计算为该户的宅基地，由属于不同户的建（构）筑物所围成的死角空地，应计算分摊到相关户的宅基地中。

6. 临靠村内公共道路的农户，空地和道路的界线不易区分，可根据村组干部和农户的意见按照人行道的大致边界确定。

（四）农村宅基地使用权

农村的宅基地使用权，是指农村居民因建造自有房屋而对集体所有土地的占有、使用的权利。

1. 农村宅基地使用权的特点。

（1）身份的特殊性。只有农村集体经济组织内的成员，或由其他法规规定的身份的人才有资格向其所在的集体经济组织申请农村宅基地的使用权。非本集体内的成员除法律特别规定外，不得在本集体内申请宅基地。

（2）使用的无偿性。只要符合法定的申请条件，就可以取得宅基地使用权，而且使用权人不需要支付使用费。

2. 宅基地使用权的行使与转让。

（1）宅基地使用权人不得以出卖、赠与、入股、联营等方式单独处分宅基地使用权。但以将地上建筑物以出售、赠与、继承、遗赠的方式移转与他人的，宅基地使用权也随之转移。

（2）本集体经济组织内部的宅基地使用权转让，须同时具备以下条件：

第一，转让人拥有 2 处以上的农村住房（含宅基地）。

第二，转让人与受让人为同一集体经济组织内部的成员。

第三，受让人没有住房和宅基地，且符合宅基地使用权分配条件。

第四，转让行为须征得本集体经济组织同意。

第五，宅基地使用权不得单独转让，必须与合法建造的住房一并转让。

（3）农民向城镇居民转让宅基地使用权或者其他变相导致农民丧失宅基地使用权的行为，应当确认无效。

3. 宅基地使用权的消灭。确因国家建设需要，或者乡村公共设施和公益事业需要，可以收回农户的宅基地，但应当对宅基地使用权人重新分配宅基地，因收回而给农户的房屋及附属设施等造成损失的，应当给予合理补偿。进城定居的农民，其农村宅基地可以有偿退还村集体经济组织。

二、农村宅基地纠纷的主要情形

农村宅基地纠纷具有很强的复杂性，有些适合人民调解委员会调解，有些不适合人民调解委员会调解。人民调解委员会调解的农村宅基地纠纷，是指公民与公民之间因宅基地使用权而发生的纠纷。主要有以下情形：

1. 公民与公民之间因宅基地使用权归属问题而产生的纠纷。

2. 宅基地共同使用人为各自的宅基地使用范围而产生的纠纷。

3. 因宅基地使用权转移而产生的纠纷。

4. 因宅基地的使用而侵犯了公共利益和他人合法权益而产生的纠纷。

三、调解农村宅基地纠纷应当的注意事项

1. 正确把握农村宅基地纠纷的受理范围。对于农村宅基地纠纷，人民调解委员会主要调解公民与公民之间因宅基地使用权而发生的纠纷。凡当事人一方或双方为国家或集体的纠纷，当事人违法乱纪而产生的纠纷，由于行政部门的行政措施而引起的纠纷以及管辖明确、并已经由有关部门受理的纠纷，人民调解委员会一般不宜再做单方调解，应该协助有关部门做好防止矛盾激发工作。

2. 妥善处理宅基地使用权界限不明确的问题。调解委员会在调解宅基地使用权界限不明确的纠纷时，既要保护国家和集体的利益，又要照顾历史情况和群众的实际需要。凡是当地仍按土地改革时所确定的宅基地所有权改变为使用权的，该宅基地的使用权不变；凡是当地的宅基地已经统一规划过的，按规划后确定的宅基地使用权处理。未经统一规划的宅基地，如果经查明原因，四至明确的，应以四至为准；四至不明确的，可按照长期以来的实际使用情况，本着有利生产、方便生活的原则合情合理地解决。

3. 根据实际情况依法调解共同使用宅基地产生的纠纷。数人对同一块宅基地共同享有使用权，处分宅基地使用权时，应征得共同享有使用权的全体人的同意。一方未经全体共同使用人同意而擅自占用该宅基地，侵犯了其他共同使用人利益的，在调解时，应依法保护其他共有人的利益，说服擅自占用者，按照全体共同使用人协商一致的意见办理。如果占有建房，在建房时对方明知而未提出异议的，若不妨碍他人和公共利益，经调解，可以依法继续使用。对于因分家析产而产生的共同使用宅基地纠纷，在调解时，应根据家庭人口多少，按照当地规定的标准面积，帮助当事人协商解决，协商不成的，建议提请村委会或上级管理机关划定。

4. 注意协调好宅基地相邻各方的关系。相邻各方在其使用的宅基地上盖建或修建其他设施时，不得危害邻居的房屋或设施的安全，也不得侵害邻居的通风、采光、排水等相邻权。对于历史形成的通道、流水，宅基地使用权人不得擅

自堵塞。若造成妨碍或损失的，应当停止侵害、排除妨碍、赔偿损失。

5. 关于村民违法、违规建房纠纷的调解。在调处宅基地纠纷时，发现私自建房、违章建房、乱占土地等违法行为，应当对当事人进行严肃的批评教育，促使其认识错误，依法办事。农村和集镇居民由于买卖房屋而转移宅基地使用权的，应依法申请，经批准后生效。出卖、出租房屋后再申请宅基地的，不予准许。收归集体组织统一使用的宅基地，经乡镇、村集体组织分配给新的用户，原使用人不得以宅基地是祖遗或自己购买为由再要求使用。

🎙 案例简析

导入案例是发生在兄弟之间的一起农村宅基地纠纷。

在本案的调解过程中，人民调解员经分析认为，房子属于地上附着物，对土地使用权来说，它是从物。因产权归属发生争议时，土地使用权人应具有优先权，所以土地和房子都应归吴甲所有，但是吴甲应补偿盖房人吴乙的出资。

人民调解员在调解过程中了解到，吴甲没有上过学，吴乙夫妇也只读了小学，要想让他们快速理解民法法理是相当困难的，也就是说，根据本案的实际情况，仅以法服人是行不通的，必须改变调解的着眼点，于是在调解中，调解员重点以道德的标准来调解，以双方当事人是兄弟关系，感情一向很好为突破点，运用唤起旧情、赞扬肯定等方法，做到以德感化，明之以理，动之以情，使当事人在亲情的感召下，妥善解决宅基地纠纷，并重归于好。法治与德治相结合的方法在调解中的运用恰到好处，促使纠纷得到解决。

第四节　农村相邻关系纠纷的调解

🎙 案例导入

刘某和李某是海棠镇某村村民，住前后院，两家因琐事关系一向不和睦。在刘某家北房后本来有一条宽 30 厘米的排水沟，但李某家垫高自家院子后，排水沟被堵住了，由于近日连降大雨，刘某家北房因排水不畅被泡在积水中，危险随时可能发生。2014 年 7 月，村调解委员会在矛盾排查工作中发现了这一问题，立即报告了镇司法所。司法所非常重视，所长立即带领全所工作人员冒大雨赶赴现场，了解情况，对矛盾进行调解。

（来源：吴玉华：《人民调解案例》）

农村相邻关系纠纷往往是在由来已久的积怨基础上发生的。平时，村调解委员会对于类似刘某和李某之间的情况应当做到心中有数。遇到特殊情况，一旦发现苗头，应主动介入，把纠纷消灭在萌芽状态，防治意外发生。假如你是司法所工作人员，你认为本案中造成险情的责任应当由谁承担？调解人员应当怎样主动开展工作，化解双方矛盾，防治矛盾激化和意外事故的发生？如果你不能回答以上问题，请学习本节的知识。

知识学习

一、相邻关系基本法律制度

相邻权是由《物权法》规定的从属于相邻土地、房屋的一种权利，是指不动产的所有人或使用人在处理相邻关系时所享有的权利，实质上是对不动产所有权或使用权的限制和延伸。相邻关系，是指两个或两个以上相互毗邻的不动产（土地、房屋）物权的所有人或使用人，在行使其不动产权利的过程中相互给予对方的一种便利或者对自己权利的限制，因而发生的权利义务关系。

1. 相邻关系的主体必须是两个或两个以上特定的公民或法人。相邻关系可以发生在公民之间，也可以发生在法人之间，或者发生在公民与法人之间。

2. 相邻关系主体所有或占有的不动产是相互毗邻的。所谓相邻，是指地理位置的相邻，既包括相连接的房屋、土地及其他不动产，也包括相邻近的房屋、土地，河流的上游和下游及其他不动产。

3. 相邻关系的客体，并不是不动产本身，而是相邻不动产的所有人或占有人行使其财产所有权或占有权所体现的利益。相邻各方在行使权利时，要为相邻的人提供便利，尊重他人的合法权益。

二、农村相邻关系纠纷的主要情形

农村相邻关系纠纷，是指相邻不动产物权之间因通风、通行、采光、排水等问题而发生的纠纷。主要有以下情形：

（一）农村传统的相邻关系纠纷

1. 相邻通行和相邻地利用纠纷。例如，两侧田地应为中间田地提供通行便利、为避险需在邻居门前通行、离婚分家后阻断另一方通行道路、因翻建房屋使用邻居院落和土地等引起的纠纷。

2. 公共用地使用纠纷。例如，在公共道路上抹墙、占用公共道路建房、在门口修坡道占用公共道路。

3. 相邻用水、排水纠纷。例如，承包地内的灌溉水渠损毁、厕所污染邻居井水、房檐滴水损害相邻房屋、养殖场所排水污染邻居用水等。

4. 相邻通风、采光、眺望、隐私权纠纷。例如，违法建设影响邻居采光通风、利用邻居山墙搭建房屋、在耕地南侧种树影响庄稼生长、建蔬菜大棚影响相邻耕地采光等。

5. 危及相邻建筑物安全纠纷。例如，挖沟不填埋导致邻居院墙倒塌、厕所坑陷影响他人房屋安全。

6. 建筑、树木越界纠纷。例如，在自己土地上建造建筑物，越过边界占了相邻土地；相邻一方在自己土地上种植树木等其根系或者枝叶越界进入相邻另一方土地内。

7. 相邻污染侵害纠纷。例如，猪舍卫生条件极差造成污染、养殖场病菌传播。

（二）新农村建设过程中的新型相邻关系纠纷

1. 新村建设引发的相邻关系纠纷。例如，影响环境整洁的厕所、化粪池，硬化路面影响村民排水。

2. 农民住多层住宅后产生的新型相邻关系纠纷。例如，相邻住户擅自拓宽阳台护栏影响二楼安全、改变防盗门开启方向影响邻居出行、一楼歌厅噪音扰民、居民楼内养鸽子。

3. 农村工商业设施与农民之间的相邻关系纠纷。例如，电力公司因高压线建设已支付补偿又再遭索赔。

三、调解农村相邻关系纠纷应当注意的事项

（一）调解农村相邻关系纠纷的一般原则

1. 有利生产、方便生活。调解因相邻关系发生的纠纷时，应从有利于有效合理地使用土地、房产，有利于生产和生活出发。例如，在处理地界纠纷时，如果原来地界模糊，就应当根据便于经营管理和有利于生产发展的原则，来确定新的地界线。

2. 公平合理。相邻各方都是平等的民事主体，谁也不能只行使权利，不履行义务。相邻一方不履行义务的，应承担民事责任；行使权利应保持在合理限度内。

3. 团结互助。土地、房产的所有人和使用人为实现土地使用价值的最大化、建筑物的方便、生活的舒适与安宁，一般都需要相邻不动产使用人提供方便与合作，也就是邻里之间的相互帮助和协作。

4. 尊重历史，利益衡量。农村相邻关系要尊重历史形成的客观状况和先后顺序。如因情况发生变化，权衡利弊，确需对历史形成的客观状况作出改变的，必须向相邻一方合理赔偿损失。

（二）调解农村相邻关系纠纷的一般方法

1. 引导当事人树立正确的利益观念，寻求务实的解决问题办法。相邻权的保护并非针对不动产所有权本身，而是权利人对不动产的利用以及不动产功能的正常发挥。相邻关系纠纷中的当事人往往是基于一时的气愤心理，在不切实际的前提下坚持要求对方拆除房屋、改变历史通道、改变自然流水方向等，从而导致矛盾激化。调解人员要引导当事人正确理解相邻关系，在法律允许的范围内追求属于自己的利益，以务实的态度寻找解决双方矛盾的有效而可行的办法。

2. 深入调查研究，主动排查，谨防意外事件发生。相邻关系纠纷都是由一些小事引发的，涉案标的数额虽不大，但对当事人的生产、生活有重要影响。在

调解这类纠纷时，人民调解员要注意调查研究，到相邻关系纠纷现场勘察，充分了解双方争执标的状况、地理位置等情况，为当事人分析利害关系、权衡利弊得失。必要时，主动排查，尽早发现苗头，避免出现意外事件。

（三）调解各类具体的农村相邻关系纠纷的注意事项

1. 调解相邻用水、排水关系纠纷的注意事项。相邻关系人共同使用自然水流时，应当保持水的自然流向，按照由高到低、由近到远的原则，合理分配和使用，任何一方不得擅自堵截流水，影响他方用水或排水。在水流充足时，低地段的相邻人不得堵水截流，使水倒流，影响高地段的正常排水。当水流不足时，高地段的相邻人不得独自控制水源，断绝低地段用水。相邻一方如有正当理由必须改变水的自然流向而影响他人利益时，应先征得对方同意，并适当补偿由此造成的损失。相邻一方在修建房屋或其他建筑设施时，不得使自己屋檐的滴水直接注于相邻人的建筑物上。一方违反常规，他方有权要求拆除有关障碍和赔偿损失。

2. 调解相邻土地通行关系纠纷的注意事项。相邻一方因自然条件所限，如其土地或建筑物在邻人土地或建筑物的包围之中，没有其他通道，必须通过邻人土地时，应当允许其通行。这种权利被称为相邻通行权。如因通行造成他人损失的，使用一方要给予赔偿。对于历史形成的公认的通道，土地所有人或占有人不得随意堵塞或者改道，如确实需要改道的，应征得相邻人同意。因堵塞通道影响他人生产、生活的，他人有权请求排除妨碍。但有条件另开通道的，也可以另开通道。

3. 调解因临时修建施工利用相邻土地、建筑物纠纷的注意事项。相邻一方因架设线路、埋设管道、电缆等，必须从他方的地上或地下通过，他方应当允许，使用人事后应清理现场，恢复原状。因此给他方造成损失的，应给予适当补偿。

4. 调解妨碍相邻建筑物的通风、采光、日照纠纷的注意事项。在修建房屋或建筑物时，相互间应相隔一定距离，以免影响采光。相邻一方在其一侧栽种植物时，应与相邻人的土地、房屋保持适当的距离，以免影响对方植物的生长和房屋采光。当修建的房屋和其他建筑物存在妨碍邻居通风、采光时，邻居有权提出异议，请求采取避免阻风、遮光的措施。如邻居在修建时不提出异议，建筑完工后对新建建筑造成的通风、采光的妨碍，必须考虑到建筑物已形成的客观事实，只能请求赔偿损失，不能请求拆除建筑物来排除妨碍。

5. 调解农村相邻污染侵害纠纷的注意事项。相邻关系人在修建厕所、烘池、污水池、牲畜栏圈或堆放腐烂物、有毒物、放射性物质、易燃易爆物品、垃圾等时，应该与相邻人生活居住的场所保持一定的距离，或者采取必要的防护措施。对不履行上述环境保护和相邻关系义务的人，相邻人除有权请求排除妨害、赔偿损失外，对于情节严重、造成重大损失者，政府有关部门和司法机关可以依法予以行政处罚或刑事制裁。

6. 调解农村相邻防险纠纷的注意事项。相邻一方在其土地上营造建筑物或挖坑、挖沟等，应与相邻人建筑物保持一定距离，或采取必要的防险措施，以免危及相邻人的财产和人身安全。相邻地界上的道路、桥梁、水渠、界墙等共用设施，相邻关系人应共同使用，共同受益，共同养护。任何一方不得擅自改变其位置，或者据为己有，或者不承担养护义务。

案例简析

导入案例是一起比较典型的农村相邻关系纠纷。

根据常理，相邻的李某和刘某在共同使用自然水流时，应当保持水的自然流向，按照由高到低、由近到远的原则，合理分配和使用，任何一方不得擅自堵截流水，影响他方用水或排水。

本案中，村调解委员会在矛盾排查过程中注意到近日连降大雨，刘某、李某两家因琐事关系向来不和睦，刘某因李某家垫高院子堵住了他家的排水沟致使他家北房排水不畅泡在积水中，因而及时将情况报告司法所。司法所的工作人员运用了苗头预测的方法，针对纠纷当事人的思想和行为不断变化的特点，抓住带有苗头性、倾向性的问题，及时分析变化的现状、原因，提出解决纠纷的对策，把纠纷解决在萌芽状态，防止矛盾的扩大和深化。通过司法所同志耐心细致的工作，李某同意给刘某的排水工作提供方便，但刘某认为自己家北房后本有排水沟，是因为李某垫院子的原因才使排水不畅，此项工作及费用应由李某承担，双方因此再次产生分歧。司法所和村调委会认为，李某垫高院子致使刘某家排水沟排水不畅，过错在李某，应当由李某负责。根据《民法通则》第83条和

《最高人民法院关于适用〈中华人民共和国民法通则〉若干问题的解释》第98条的规定，司法所和村调委会再次耐心细致地为双方当事人做思想工作，最终双方就此事达成一致：李某在刘某北房后重修排水沟，由此引发的一切费用由李某承担。

本案的成功调解，体现了人民调解"防调结合，预防为主"的特征。村调解委员会主动进行矛盾排查，即有意识地观察分析苗头性问题，重视苗头性问题，积极调解，采取果断有效的措施处理可能出现的问题。司法所的工作人员运用了苗头预测的方法，追寻民间纠纷的发生和激化的端倪，捕捉纠纷的苗头，赢得主动权和调解所需的时间。司法所的工作人员针对可能出现的问题，抓紧工作，积极疏导，妥善解决，切实有效地预防了矛盾激化和新纠纷的发生。

第五节　农村征地拆迁纠纷的调解

案例导入

秦某和岳某系同一村民小组的农户，为了方便种植，经协商，双方于2007年签订了换田协议，约定秦某位于村西头的2亩桃园与岳某位于村北头的2.1亩苹果园相互交换。双方在换田协议中注明：以后有转让或任何公私变化，各自负责，概不后悔。双方换田后各自依约对所换田地进行了种植。2013年冬，秦某耕种的村北头的果园作为工业园建设用地被政府部门征收，征收补偿费4万余元。当村委会发放补偿费时，秦某和岳某对该款的归属产生了争议。秦某认为，他与岳某调换田地多年，根据协议，补偿费应归自己所有。岳某认为，双方调换田地未经村小组批准同意因而无效，补偿土地的承包经营权证上载明的使用人仍是自己名字，故补偿费应归自己所有。

（来源：李福祥等：《农村土地纠纷不可不知200问》）

为了方便耕种，农户之间在自愿协商的条件下，互相调换田地进行承包经营，是当前农村土地承包经营中出现的一种较为普遍的现象。但是，农村土地用于耕种的使用价值与征收时的评估价值往往不完全对应。一旦互换的土地被征收，涉及补偿费的分配问题就容易引发纠纷。假如你是本案的调解员，你认为补偿费应该由谁享有？你怎样开展调解工作，解决双方的矛盾？如果你不能回答以上问题，请学习本节的知识。

知识学习

一、农村征地拆迁基本法律制度

农村征地拆迁行为包括土地征收、征用和拆迁房屋及其不动产两个阶段。

征地行为，是指国家因为社会公共利益之需要，依据法律的规定对集体所有的土地实行征收或征用并给土地所有权人、使用权人以补偿的行为。征地行为既包括将原土地所有权收归国有的土地征收行为，也包括只改变使用权的土地征用行为。如果土地上没有房屋等建筑物，征地行为不包括房屋拆迁行为。

拆迁行为，又称房屋拆迁行为，是指为了社会公共利益的需要，国家依照法律对依附于土地上的房屋予以拆除，并给予房屋所有权人、使用权人以补偿的活动总称。拆迁行为依土地性质不同分为农村和城市房屋拆迁行为，本书主要指农村集体土地上的房屋拆迁行为，故又称农村房屋拆迁行为。

实践中，土地征收程序和房屋拆迁补偿安置程序一般合并进行。

1. 农村土地征收程序。

（1）征地补偿安置方案公告。县或市级国土资源管理局根据省或国务院征用土地批准文件批准的《征用土地方案》，在征用土地公告之日起45日内以村为单位拟订征地补偿、安置方案并予以公告。公告的内容主要包括：被征用土地的位置、地类、面积；地上附着物和青苗的种类、数量；需要安置的人员的数量；土地补偿费的标准、数额、支付对象和支付方式；安置补助费的标准、数额、支付对象和支付方式；地上附着物和青苗的补偿标准和支付方式；农业人员的具体安置途径；其他有关征地补偿、安置的具体措施。

（2）报批征地补偿安置方案。县或市级国土管理部门将公告后的土地补偿、安置方案，连同被征地农村集体经济组织、农村村民或者其他权利人的意见及采纳情况报市、县人民政府审批。

（3）批准征地补偿安置方案。市、县政府将征求意见后的征地补偿安置方案批准后，报省国土资源部门备案，并交由市、县国土行政主管部门组织实施。

（4）土地补偿登记。征地农村集体经济组织、农村村民或者其他权利人应当在征用土地公告规定的期限内，持土地权属证书（土地承包合同）到指定地点办理征地补偿登记手续。

被征地农村集体经济组织、农村村民或者其他权利人未如期办理征地补偿登记手续的，其补偿内容以市、县国土管理行政主管部门的调查结果为准。

（5）实施补偿安置方案和交付土地。按规定支付征地补偿安置费。

2. 农村房屋拆迁程序。

（1）用地单位申请领取规划用地许可证。

（2）申请拆迁许可。用地单位须持有国有土地使用权批准文件向房屋管理部门申请拆迁许可。

（3）进行拆迁宣传。房屋拆迁管理部门和拆迁人应当及时向被拆迁人做好宣传、解释工作。

（4）房屋拆迁管理部门发布拆迁公告。

（5）暂停有关活动。拆迁人取得征地或者占地批准文件后，可以向房管部门申请在用地范围内暂停办理有关事项，如停批宅基地和其他建设用地；停批新建、改建、扩建房屋、停办入户和分户等。

（6）拆迁人向房管部门确定拆迁实施方案。拆迁申请人必须依照法律的规定，对拟定的拆迁活动作出安排，主管机关以备案的方案作为监督其拆迁活动的依据。

（7）拆迁人委托评估机构对被拆迁范围内的房屋建筑物等进行拆迁评估。

（8）拆迁人与被拆迁人签订拆迁安置补偿协议。

（9）拆迁安置。先建后拆。

3. 征地补偿费的内容与计算方式。征地补偿费，是指国家建设征收土地时，按照被征收土地的原用途给予被征地单位补偿的各项费用，是指土地补偿费、安置补助费、地上附着物和青苗补偿费的总和。征收土地的各项费用应当在自征地补偿、安置方案批准之日起 3 个月内全额支付。

（1）土地补偿费。因国家征收土地对土地所有者在土地上的投入和收益造成损失的补偿。补偿的对象是土地所有权人。

《土地管理法》第 47 条规定，土地补偿费 = 该耕地被征收前 3 年平均年产值 × 补偿倍数。实践中，根据地方是否制定了统一年产值标准，有以下两种计算方式：

第一，在制定统一年产值标准的情况下，土地补偿费的计算方式为：土地补偿费 = 被征耕地面积 × 该耕地每单位面积统一年产值标准 × 补偿倍数。

第二，在没有制定统一年产值标准的情况下，土地补偿费的计算方式为：土地补偿费 = 该耕地前 3 年平均年产量（包括副产品）× 平均农作物价格 × 补偿倍数。

（2）安置补助费。安置补助费，是指国有建设征收农民集体土地后，为了解决以土地为主要生产资料并取得生活来源的农业人口因失去土地造成生活困难所给予的补助费用。

（3）青苗补偿费。青苗补偿费，是指征收土地时，对被征收土地上生长的农作物，如水稻、小麦、玉米、土豆、蔬菜等造成损失所给予的一次性经济补偿费用。

青苗补偿费的标准由各省、自治区、直辖市规定。通常，一般农作物的青苗补偿费的标准最高按一季产值计算，如果是播种不久或投入较少，也可以按一季产值的一定比例计算。

（4）地上附着物补偿费。地上附着物补偿费，是指对被征收土地上的各种地上建筑物、构筑物，如房屋、水井、道路、管线、水渠等以及拆迁和恢复费、被征收土地上林木的补偿或者砍伐费等。计算地上附着物补偿费，按照拆什么补偿什么，拆多少补偿多少，并且不低于原有水平为原则。其具体标准由各省、自治区、直辖市规定。

（5）其他补偿费。其他补偿费，是指除土地补偿费、地上附着物补偿费、青苗补偿费、安置补助费以外的其他补偿费用，即因征收土地给被征收土地单位和农民造成的其他方面损失而支付的费用，如水利设施恢复费、误工费、搬迁费、基础设施恢复费等。

二、农村征地拆迁纠纷的主要情形

农村征地拆迁纠纷，是指国家为了公共利益的需要，依照法律规定的权限和程序，征收农村集体所有的土地和单位、个人的房屋及其他不动产而发生的纠纷。

农村征地拆迁纠纷主要有以下情形：

1. 安置补偿资格认定纠纷。

2. 土地和房屋面积计算纠纷。

3. 土地、房屋交付与拆除纠纷。

4. 耕地补偿费纠纷和安置补偿费分配纠纷。

三、调解农村征地拆迁纠纷应当注意的事项

（一）认定村民资格的依据

法律规定土地补偿费归农村集体经济组织所有，所以有权参与分配的也只能是集体经济组织成员。认定的依据一般应以户籍为原则，但户籍又不是唯一依据，需要综合考虑以下因素：

1. 须以合法取得本村户籍为前提条件。

2. 以从事农业生产为主要生活来源。

3. 必须在本村有居所并与集体经济组织保持稳定的成员关系。

4. 为集体经济组织的财产积累和经济发展尽过一定义务。

（二）农村几类特殊主体收益分配权的认定

1. 农村出嫁女。承包期内，妇女婚后在新居住地未取得承包地的，发包方不得收回其原承包地；妇女离婚或者丧偶，仍在原居住地生活或者不在原居住地生活但在新居住地未取得承包地的，发包方不得收回其原承包地。

2. 外出当兵人员。农民去服兵役，从法律关系层次看，只是暂离开了原集体经济组织，但其性质仍然是原集体经济组织成员。因而凡是在部队服役的农业户口义务兵，享受同其余集体经济组织成员相同的权利，即享有征地补偿费的分配权。

3. 户口外迁的在校大中专学生。因在大中专院校就读而将户口迁出，其父母仍以集体经济组织的基本生产资料为经济生活保障，为确保其安心学习并供给其所必要的生活费用，应当认定其具有分配资格。

4. 新生儿。民事权利能力始于出生。对于新生儿，只要能够确认征地补偿费产生于新生儿出生之后，就应当认定新生儿的分配资格。

5. 死亡人员。死亡人员由于丧失了民事主体资格，不能成为征地补偿费的分配对象。但有两种情况例外：①该人员的死亡时间是在已将其经列为征地安置补偿对象后，死亡人员应该享有分得安置补偿款的权利，其所得收益由继承人继承；②在土地被承包期间，承包人死亡的，如果属于承包人依法应当享有的关于承包土地使用、收益和土地承包经营权、流转权以及承包地依法被征收、占用后所获得相应补偿所产生的收益，承包人的继承人可以依法继承。

案例简析

导入案例是一起土地互换后的土地征收补偿费分配纠纷案件。

为了方便耕种，农户之间在自愿协商的条件下，互相调换田地进行承包经营，是当前农村土地承包经营中出现的一种较为普遍的现象。《农村土地承包法》规定，采取转包、出租、互换或者其他方式流转的，应当呈报发包方备案。但该规定只强调备案，备案是一种行政管理手段，属于管理性规范而不是效力性规范，不是互换土地合同生效的要件，不影响当事人的权利和义务。因而岳某不能以未经备案为由否定互换土地协议的效力。

在互换合同有效的前提下，互换土地的耕种人已经成为实际承包经营权人。从本案当事人签订的"各自负责，概不后悔"的换田协议来看，双方互换田地对各自田地的承包经营权利义务进行调换是长期的。而秦某已对所交换的土地实际耕种多年，期间没有任何人提出异议。因此，互换的田地承包经营主体早已发生了变化，并不是原来权利证书上载明的岳某，土地承包经营权流转的收益归承包方收有。本案的土地补偿费相应归现耕种人即实际承包经营权人秦某所有。调解人员通过向岳某解释、说明相关法律规定，说服岳某尊重法律与现实，平息了纠纷。

本章考核重点

农村土地承包的概念，农村土地承包经营权流转纠纷调解；调解农村自留地、自留山纠纷应当注意的事项；农村宅基地法律制度与农村宅基地纠纷的调解；相邻关系法律制度与农村相邻关系纠纷的调解；农村征地拆迁补偿款分配纠纷的调解。

练习题

一、判断题（判断下列说法是否正确。若正确在括号内画√，否则画×）

1. 农村土地承包，是指农村集体经济组织内部的家庭承包，不包括通过招标、拍卖、公开协商等方式确定的荒山、荒沟、荒丘、荒滩等农村土地的承包。（　　）

2. 黄村一块荒地公开招租时，本村的周某、邻村的丁某和城里的薛某参与了竞标，周某对该土地享有优先承包的权利。（　　）

3. 土地补偿费和安置补助费的总和不得超过土地被征收前3年平均年产值的30倍。（　　）

4. 一个村组内存在自留山面积不均、没有自留山等问题，原则上不予调整。（　　）

5. 花桥村确因乡村公共设施和公益事业需要，可以收回农户张某的宅基地，对由此造成的损失可以不予补偿，但应当给张某重新分配宅基地。（　　）

二、单项选择题（每小题的4个选项中有1项正确，请将正确选项的序号填在括号内）

1. （　　）不是土地承包经营权流转的方式。

（1）互换　　　　　　　　（2）转让

（3）征收　　　　　　　　（4）转包

2. 土地补偿费是因国家征收土地而对土地所有者在土地上的投入和收益造成损失的补偿。补偿的对象是（　　）。

（1）土地所有权人　　　　（2）土地承包人

（3）土地承包经营权人　　（4）土地代耕人

3. 自留地、自留山没有被纳入农村承包土地管理范畴，自留地、自留山的经营方式、经营权和建立、取消、恢复等均由（　　）来规定和调整。

（1）法律　　　　　　　　（2）行政法规

（3）司法解释　　　　　　（4）国家政策

三、多项选择题（每小题的 4 个选项中至少有 2 项正确，请将正确选项的序号填在括号内）

1. 南山村村民何某某承包了 3 亩水田，从农村土地承包经营权的内容来看，何某某对其依法承包的土地享有（　　）的权利。

(1) 占有　　　　　　　　　　　(2) 使用

(3) 收益　　　　　　　　　　　(4) 处分

2. 河西村村民赖某购买了城里一套 140 平方米的住宅，准备住进城里。他可以将自己在村里的房屋以（　　）的方式移转与他人，宅基地使用权也随之转移。但宅基地使用权不得单独转移。

(1) 出售　　　　　　　　　　　(2) 赠与

(3) 遗赠　　　　　　　　　　　(4) 抵押

第三章　农村婚姻家庭纠纷调解

🔊 学习目标

通过本章的学习，你将能够：

1. 复述农村婚约、离婚、分家析产、抚养、赡养、家庭暴力、继承纠纷的概念。

2. 描述处理农村婚姻家庭纠纷的法律制度和农村常见婚姻家庭纠纷的情形。

3. 运用婚约财产返还、离婚、分家析产、抚养、赡养、家庭暴力、继承纠纷处理的法律知识调解相应的纠纷。

第一节　农村婚约财产纠纷的调解

🔊 案例导入

男青年单某与女青年江某是同村人，2012 年正月，单某与江某经媒人介绍，按当地风俗订了婚。订亲时，单某于当月先后通过媒人给付女方江某彩礼 38 400 元及金耳环一对，宴请亲戚和媒人也花了一些费用。后来，两人在交往中产生矛盾，江某于 2013 年正月退婚，退回彩礼 24 400 元，但拒绝返还其余彩礼 14 000 元及金耳环。单某向村调解委员会提出调解请求。

（来源：益阳市司法局）

在农村，婚约现象普遍存在。婚约不是一个法律概念。但是，婚约纠纷一般会引发财产法律纠纷。因此，在农村常见的法律纠纷调解中，婚约财产纠纷占了一定的比重。假如你是本案的调解员，你认为江某是否应当退还其余彩礼 14 000 元及金耳环？你将怎样进行调解，促使双方达成协议？如果你不能回答以上问题，请学习本节的知识。

知识学习

一、我国法律对婚约习俗的态度

婚约，又称订婚或定婚，是指无配偶的男女双方以结婚为目的而进行的事先约定。婚约成立后，男女双方产生未婚夫妻身份。

关于婚约，中央人民政府法制委员会 1950 年 6 月 26 日公布的《中央人民政府法制委员会就有关婚姻法施行的若干问题的解答》中规定："订婚不是结婚的必要手续。任何包办强迫的订婚，一律无效。男女自愿订婚者，听其订婚。订婚的最低年龄，男为 19 岁，女为 17 岁。一方自愿取消订婚者，得通知对方取消之。"此后，最高人民法院关于适用有关法律的解释以及在司法实践中，都坚持了同样的原则，至今没有改变。我国《婚姻法》和《婚姻登记办法》均未对婚约作出明文规定，沿用"既不禁止，也不加以保护"的态度。

综合以上情况，关于婚约问题，可以得出以下几点：订婚不是结婚必经过程或必要手续；对婚约不提倡也不禁止，男女可自行决定是否订婚；反对包办、强迫订婚；一方自愿取消订婚，须通知另一方。因此，婚约不具有法律意义，不是婚姻成立的必经程序，可经双方同意解除婚约，也可一方向对方提出解除婚约。一方毁约的，对方不能提起履行婚约之诉，也不能要求毁约方承担违约责任。

在婚约当事人之间，会发生互换信物或赠送财物等现象。一旦婚约解除，往往造成纠纷。婚约财产纠纷，就是因婚约解除后引发的财产清算与返还纠纷，是农村最常见的纠纷情形之一。在司法实践中，婚约被作为一种传统习俗看待，婚约财产纠纷按照民法的一般原理和公序良俗处理。

二、农村婚约财产纠纷的主要情形

狭义的婚约财产，是指男女双方以将来结婚为目的非自愿的给付一方或双方互给的有关财物，俗称彩礼。广义的婚约财产，是指男女双方在结婚之前，自愿

或非自愿地给付对方的所有财物。

发生婚约财产纠纷，有过错一方将承担不利后果。从婚约财产纠纷涉及的财产类型看，农村婚约财产纠纷主要有以下几种情形：

1. 彩礼返还纠纷。彩礼是婚约财产的主要表现形式。按民间习俗，送彩礼之后，婚约正式缔结。若有反悔，可能因彩礼返还引发纠纷。

2. 赠与物返还纠纷。按照民间习俗，一般除了男方向女方送彩礼外，男方的父母及其他近亲属，都会向未来新娘给予一定的赠与物，如金戒指、金项链、手链、现金等，有的地方称为"见面礼"。如果退婚，可能因赠与物返还引发纠纷。

3. 损耗财物清算纠纷。在婚约存续期间，因订婚宴请亲友、拍摄结婚照等支出的费用，以及男方到女方家拜节赠送的礼物与礼金，双方参加对方长辈生日宴和其他喜庆宴请赠送的礼物与礼金，都属于损耗财物。如果退婚，可能因损耗财物清算引发纠纷。

4. 嫁妆返还纠纷。在许多地方，有一部分彩礼会转化为嫁妆再返还给男方。嫁妆一般以陪嫁物形式出现，也可以有一部分是现金。嫁妆准备好之后，如果退婚，可能因嫁妆费用清算发生纠纷。

三、调解农村婚约财产纠纷应当注意的事项

1. 在一定情形下可以要求返还按照习俗给付的彩礼。《最高人民法院关于适用〈中华人民共和国婚姻法〉若干问题的解释（二）》第10条规定，当事人请求返还按照习俗给付的彩礼的，如果查明属于以下情形，人民法院应当予以支持：①双方未办理结婚登记手续的；②双方办理结婚登记手续但确未共同生活的；③婚前给付并导致给付人生活困难的。在第②项、第③项情形下，应当以当事人离婚为条件。

2. 合理界定婚约财产纠纷涉及的彩礼。婚约财产纠纷案件的标的物主要是通常所说的彩礼，包括男方赠送给女方的聘礼，婚约双方当事人在婚约期间或婚约之前互赠的财物，以及第三人（婚约双方当事人的亲戚、朋友）为之庆贺所赠与的财物。婚约期间的宴席费、共同消费开支等不宜纳入彩礼的范围，按照算大账不算小账的原则处理。

3. 正确把握婚约财产纠纷中的彩礼返还原则和标准。婚约财产纠纷中的彩礼返还，应按照婚约解除时的双方违约程度、财产的实际情况以及当地民间习俗加以确定。实践中，通常可以按以下思路调解：

（1）接受彩礼款的一方主动提出解除婚约的，应视为其本身的违约行为引起的解约，应按彩礼款的100%予以返还。

（2）接受彩礼款的一方被动提出解除婚约，是因给付彩礼款一方的行为过错而解约，应按彩礼款30%予以返还。

（3）给付彩礼款的一方主动提出解除婚约的，应视为其本身的违约行为引起的解约，应按彩礼款30%予以返还。

（4）给付彩礼款的一方被动提出解除婚约的，是因接受彩礼款一方的行为过错而解约，应按彩礼款的100%予以返还。

（5）双方符合结婚条件，定婚时间在2年以上，而男方拒不提出结婚，女方提出解除婚约的，视为被动提出解除婚约；若男、女任何一方故意隐瞒实情，使对方产生误解而订立婚约，无过错方提出解除婚约的，视为被动提出解除婚约。

（6）双方符合法定结婚实质要件，定婚时间在3年以上，双方均未提出解除婚约，但已无结婚的可能，若婚约关系继续存在，势必造成一方年岁过大，从而失去许多选择良偶的机会，此种情形下，任何一方提出解除婚约，不视为违反婚约的行为，应按公平原则处理，按彩礼款50%予以返还。

（7）双方订立婚约后，任何一方因意外原因（主要意外事故造成肢体残疾等）失去了订立婚约时的身体情况造成解除婚约情形出现的，应按照公平原则处理，按彩礼款50%予以返还。

案例简析

导入案例是一起农村婚约财产纠纷。

《婚姻法》和《婚姻登记办法》没有关于婚约的规定，因此，婚约不受法律保护。但在广大农村，订婚及解除婚约引发的财产纠纷并不少见。在调解婚约财产纠纷时，首先要查明事实真相，依据《婚姻法》及有关司法解释，根据具体情况提出调解建议。

本案中，单某和江某订婚后没有建立婚姻关系。江某提出退婚即可解除婚约，无需得到单某的同意，但是，江某作为接受彩礼款的一方，主动提出解除婚约，应按彩礼款的100%予以返还。至于筵席费、一般礼品等，说服双方概不清偿，做到"算大账不算细账，算明账不算暗账"。因此，调解人员应当劝说江某把其余彩礼14 000元及耳环返还单某。

在调解方法上，调解员还可以组织男女双方主要亲属、村干部共同做双方当事人的工作，并采取背靠背的调解方式，分别给当事人双方讲解法律知识，耐心细致地给双方做思想工作。

第二节　农村离婚纠纷的调解

案例导入

张某（女）与李某国是一对再婚夫妻。1996年张某与前任丈夫结婚并育有一子，2008年离婚后其子跟父亲生活。2008年张某与李某国结婚，婚后又生育了两个孩子。2012年起两人在外租摊位做小生意谋生。2014年，张某的前夫在老家去世，留下16岁的儿子在老家农村跟着年迈的奶奶生活，读书和生活陷入困境。其间，张某的姐姐和妹妹曾多次对他们夫妻两人提出，要求他们承担起孩子的生活费，当时张某和李某国都没有明确表态。近来，李某国发现每天营业的收入少了，就怀疑是妻子背着他寄钱给前夫的儿子，从而导致家庭矛盾频频发生。夫妻二人时常为生活琐事争吵，在争吵中李某国不是开口骂就是动手打，但张某考虑到两个小孩，一直忍气吞声，日子也将就着过。2015年7月的一天，李某国又打了张某，张某去派出所报案、验伤后来到司法所寻求帮助。经医院包扎处理，张某的后脑勺缝了1针，左手虎口处缝了8针，左脸颊也有破损出血，背部、手臂及腿上都有不同程度的挫伤。张某第一次到司法所求助后，李某国又多次打骂妻子，赶她出门。司法所的同志几次上门，李某国言语粗鲁，不愿配合，且扬言"夫妻打架不要你们多管闲事，大不了去老家离婚"。而张某对丈夫的打骂也不堪忍受，几次来司法所表示日子过不下去了，要与李某国离婚。

（来源：上海市长宁区调解员马路娣）

农村再婚夫妻的生活往往比一般家庭要复杂，他们要面对更多的现实问题。如果处理不当，就很容易发生矛盾，甚至导致离婚纠纷。作为调解人员，应当特别关心这个群体，尽力帮助、引导他们维护好现有的婚姻。假如你是本案的调解员，你认为这一对农村再婚夫妻的婚姻还有挽回的希望吗？你将会怎样开展调解工作，争取促成他们夫妻和好？如果你不能回答以上问题，请学习本节的知识。

知识学习

一、离婚基本法律制度

离婚，是指夫妻双方通过协议或诉讼的方式解除婚姻关系，终止夫妻间权利和义务的法律行为。离婚自由是婚姻自由的一部分。

（一）法律关于离婚的政策

1. 男女双方自愿离婚的，准予离婚。男女一方要求离婚的，可由有关部门进行调解或直接向人民法院提出离婚诉讼。人民法院审理离婚案件，应当进行调解；如感情确已破裂，调解无效，应准予离婚。一方被宣告失踪，另一方提出离婚诉讼的，应准予离婚。

2. 现役军人的配偶要求离婚，须得军人同意，但军人一方有重大过错的除外。

3. 女方在怀孕期间、分娩后 1 年内或中止妊娠后 6 个月内，男方不得提出离婚。女方提出离婚的，或人民法院认为确有必要受理男方离婚请求的，不在此限。

（二）离婚时对财产的处理

1. 夫妻离婚时，必须对共同财产进行分割。夫妻对共同所有的财产，有平等的处理权。夫妻在婚姻关系存续期间所得的下列财产，归夫妻共同所有：工资、奖金；生产、经营的收益；知识产权的收益；继承或赠与所得的财产，但《婚姻法》第 18 条第 3 项规定的除外；其他应当归共同所有的财产。夫或妻在家庭土地承包经营中享有的权益等，应当依法予以保护。

2. 属于夫妻一方的财产，在离婚时不进行分割，归各自所有。下列财产为夫妻一方的财产：一方的婚前财产；一方因身体受到伤害获得的医疗费、残疾人生活补助费等费用；遗嘱或赠与合同中确定只归夫或妻一方的财产；一方专用的生活用品；其他应当归一方的财产。

3. 一方因抚育子女、照料老人、协助另一方工作等付出较多义务的，离婚时有权向另一方请求补偿，另一方应当予以补偿。

4. 夫妻离婚时，如一方生活在困难，另一方应从其住房等个人财产中给予适当帮助。具体办法由双方协议；协议不成时，由人民法院判决。

5. 原为夫妻共同生活所负的债务，离婚时应当共同偿还。共同财产不足清偿的，或财产归各自所有的，由双方协议清偿；协议不成时，由人民法院判决。

（三）离婚时对未成年子女抚养教育问题的处理

1. 离婚时，哺乳期内的子女一般由哺乳的母亲抚养；哺乳期后的子女，如双方因抚养问题发生争执不能达成协议时，由人民法院根据子女的权益和双方的具体情况判决。

2. 父母与子女间的关系，不因父母离婚而消除。父母离婚后，对于子女仍有抚养和教育的权利和义务。一方抚养的子女，另一方应负担必要的生活费和教育费的一部或全部，负担费用的数额和期限由双方协议；协议不成时，由人民法院判决。

3. 离婚后，不直接抚养子女的父或母，有探望子女的权利，另一方有协助的义务。行使探望权利的方式、时间由当事人协议；协议不成时，由人民法院判决。父或母探望子女，不利于子女身心健康的，由人民法院依法中止探望的权利；中止的事由消失后，应当恢复探望的权利。

（四）离婚的方式

1. 协议离婚。协议离婚，是指夫妻双方依据法律的规定合意解除婚姻关系的法律行为。男女双方自愿离婚的，双方必须到婚姻登记机关申请离婚登记。婚姻登记机关经过形式审查和实质审查，确认双方自愿并对未成年子女和财产问题已经有适当处理的，办理离婚登记并发给离婚证。

2. 诉讼离婚。诉讼离婚，是指夫妻双方对离婚、离婚后子女抚养或财产分割等问题不能达成协议，由一方向人民法院起诉，人民法院依诉讼程序审理后，调解或判决解除婚姻关系的法律制度。法院判决离婚的法定标准是感情确已破裂，调解无效。

（五）离婚的法律后果

离婚解除了当事人之间的夫妻身份关系，双方获得再婚的权利。男女双方自愿恢复夫妻关系时，必须到婚姻登记机关进行复婚登记。

二、农村离婚纠纷的主要情形

离婚纠纷，是指夫妻之间因是否离婚、子女抚养安排、财产如何分割等离婚问题而产生的纠纷。从导致离婚的原因来看，农村常见离婚纠纷主要有以下情形：

1. 因缺乏婚姻基础而引起的离婚纠纷。主要是因包办、买卖婚姻等原因引发的离婚纠纷。包办婚姻，是指第三者（包括父母）违反婚姻自由原则，违背婚姻当事人意志，包办强迫他人的婚姻。买卖婚姻，是指第三者（包括父母）以索取大量财物为目的，包办强迫他人的婚姻。当事人缺乏应有的婚姻基础，如果婚后未建立起感情，很容易引起离婚纠纷。

2. 因封建思想严重引起的离婚纠纷。这类纠纷在农村常见的情形有两种：①夫权思想严重，歧视、压迫、打骂女方，无视女方的合法权益，限制女方活动自由而引起离婚纠纷；②重男轻女，传宗接代的旧思想严重，因生女孩或采取节育措施引起离婚纠纷。

3. 一方违法犯罪而引起的离婚纠纷。这类离婚纠纷情况复杂：有的是夫妻感情尚好，一方犯罪后，对方出于思想顾虑，要求划清界限，或者遇到实际困难而提出离婚；有的是夫妻早已长期不和睦，一方犯罪后对方即提出离婚；有的是由于一方累次犯罪，或犯强奸罪、重婚罪等，伤害了另一方的感情，无过错一方提出离婚。

4. 因第三者插足、一方出轨、喜新厌旧引起的离婚纠纷。这是指一方婚后因地位、条件或客观环境的改变，夫妻感情发生变化，一方蓄意抛弃配偶，另寻新欢引起的离婚纠纷。当前，农村劳动力外出务工、做生意导致夫妻分居已成为普遍现象，出现第三者插足、一方出轨、喜新厌旧的风险大大增加。

5. 因经济问题引起的离婚纠纷。农村因经济问题引起的离婚纠纷大致有以下几种：①经济不民主。此即一方控制对方合理支出，甚至达到使对方不能维持正常生活的程度。②一方挥霍无度。如男方经常出入高档会所，沉迷赌博，女方过于追求穿着打扮，支出超过经济承受能力，严重影响家庭正常生活。③不赡养父母。主要是指夫妻一方在经济上限制过严，不让对方正常赡养自己父母。④一方身体不好，缺乏生产技术和致富经验，收入较低，生活出现暂时困难。

6. 因个性不合、志趣不投或家务琐事矛盾引起的离婚纠纷。农村有些夫妻由于性格、志趣不相投，爱好也不一样，在共同生活中发生各种矛盾，在一些非原则的细小问题上争执不休，气愤之下轻易表示离婚，但气消之后两人又自动和好，有的离婚后又要求复婚。

7. 因一方患精神病或有生理缺陷而引起的离婚纠纷。患精神病，或者存在生理缺陷，导致夫妻生活障碍和生育障碍的，都会无法履行夫妻义务，容易引发离婚纠纷。

三、调解农村离婚纠纷应当注意的事项

（一）把握离婚纠纷调解要点

1. 以法律为先导，用情理做铺垫。提起离婚诉讼或申请调解离婚，是法律赋予公民的权利，但要使当事人认识到，婚姻纠纷并不一定非要通过离婚才能解决。应该积极、耐心地引导当事人回忆当年相恋的温柔、体贴和结婚时的温馨情景，以情理打动当事人。

2. 适当拖延，做冷处理。离婚会给每个当事人带来痛苦。有些当事人认为离婚是一种解脱，但可以劝说当事人别一时冲动离婚，建议当事人再认真冷静考虑一下，通过时间的沉淀和亲友的劝说，争取当事人回心转意的机会。

3. 不要轻信当事人的夫妻感情已经破裂。除非证据确凿，足以认定当事人重婚或有婚外情，或有家庭暴力、赌博和吸毒等屡教不改的恶习，否则，调解时不要轻信当事人夫妻感情确已破裂。

4. 要以足够的爱心、耐心去化解分歧，促成和解。要尽力缓和双方矛盾，朝缩小争议的目标努力，不要对双方的是非发表过多的意见，避免继续激化矛盾。借助双方共同的熟人、有较高威望的长辈、村里领导等参与调解，通过家

族的威望或组织的力量教育存在过错的一方。做好情绪疏导工作，引导双方回忆共同生活中的美好时光，唤起双方对亲情的感受，发现对方的优点和可爱之处，包容对方的缺点，逐步消除情绪上的不理性因素，放弃怨恨和对立，实现和解。

5. 要妥善安排夫妻离婚后子女的抚养和教育问题。要对歧视孩子、相互推脱孩子抚养责任的行为进行严肃的批评教育，引导当事人消除"随谁生活谁负担"的错误观念，从有利于子女身心健康出发，结合双方抚养能力、抚养环境等具体情况，安排好对子女的抚养和教育。

6. 要依法保护离婚妇女的合法权益。要妥善解决离婚妇女财产权益保护问题，保护绝育妇女对子女抚养的优先选择权。保护离婚妇女农村土地承包经营权，子女随女方生活的，子女的土地承包经营权份额也应予以明晰，并分配给女方。考虑到女方离婚后绝大多数将离开原居住地，在落户新籍后，短期内难于获取新的耕地，男方应当给予女方适当的土地使用补偿费。

（二）调解各类农村离婚纠纷应当分别注意的事项

1. 调解因包办、买卖婚姻引起的离婚纠纷的注意事项。人民调解委员会在调解中发现包办、买卖婚姻的，对包办、买卖他人婚姻的人要严肃进行批评教育，坚决反对包办、买卖婚姻，切实保护男女婚姻自由。但对纠纷的调解，应根据实际情况，具体分析，区别对待：

（1）对于结婚时间较长，生有子女，婚后已建立起一定的感情，夫妻关系还能维护，离婚弊多利少的，应尽量劝说双方和好，不轻易调解离婚。

（2）对于双方婚后始终没有建立起感情或夫妻长期分居，夫妻关系早已名存实亡的，在做好双方当事人及有关人员工作的基础上，可以调解离婚，并告诉当事人到婚姻登记部门办理离婚手续。

（3）对于双方矛盾大，积怨深，继续共同生活无望，又不能达成离婚协议的，应告诉当事人向人民法院提起离婚诉讼。

（4）发现买卖婚姻情节严重，触犯刑律的，应支持受害者向司法机关报案。

2. 调解因封建落后思想严重引起的离婚纠纷的注意事项。调解这类纠纷时，应对有夫权思想的男方进行批评教育，只要本人承认错误，并愿意改正就应调解双方和好。对个别夫权思想特别严重的，要支持女方的合理要求。

3. 调解因一方喜新厌旧引起的离婚纠纷的注意事项。

（1）对有过错的一方，要进行严肃的批评教育，视其情节和认错态度，可建议有关组织给予处分，一般不支持其离婚要求。

（2）对"第三者"，应配合有关方面进行严肃的批评教育，告诫其不要破坏他人的婚姻家庭，终止这种不当的关系。

（3）在有过错一方承认并愿意改正错误的基础上，劝说无过错方珍惜夫妻感情，给对方改正错误的机会，也给自己一次机会，争取在新的基础上重归于好。

（4）对"第三者"插足而构成杀人、伤害和虐待等犯罪的，人民调解委员会则不能进行调解，应支持受害者向司法机关报案、起诉。

4. 调解因经济问题引起的离婚纠纷的注意事项。

（1）调解经济不民主引起的离婚纠纷时，应宣传夫妻平等的原则，提倡民主持家，相互信任。对大数额支出夫妻应互相商量，并注意尊重对方的意见；对正常的、小数额支出则不要斤斤计较。同时还应批评教育有过错的一方，帮助双方合理安排经济生活、改善夫妻关系。

（2）调解一方挥霍无度引起的离婚纠纷时，应进行浪费可耻，勤俭持家光荣的教育，批评挥霍的一方，劝其改正不良嗜好，量入为出，合理计划，同时，也要说服另一方，不可"以错对错"。

（3）调解不赡养父母引起的离婚纠纷时，应宣传赡养父母是我国劳动人民的优良传统美德，也是子女依法应尽的义务。批评教育有过错的一方，向其说明有条件而不赡养、不仅会受到群众的谴责，情节恶劣、后果严重的还会受到法律制裁，以促其改正错误。

（4）调解一方身体不好、收入较低、生活出现了暂时困难引起的离婚纠纷时，应劝导夫妻互相谅解，互相帮助，并帮助其寻找致富门路，尽快致富。如因对方好逸恶劳或一贯不务正业，不好好生产，又不顾家庭及子女生活的，应对有错一方进行批评教育，如坚持不改、又无和好可能的，也不要勉强调解和好。

5. 调解因个性不合、志趣不投或家务琐事引起的离婚纠纷的注意事项。这类纠纷一般是可以调解和好的。对于这类纠纷，一般要避开双方气愤的情绪，在气消之后进行疏导、劝说，启发他们多看对方的长处和优点，珍惜过去的感情，为对方克制自己的脾气。对双方脾气特别暴躁，经调解说服后双方仍坚持要离婚的，可采取冷处理法缓冲一下，然后寻找时机，再做劝解疏导。

案例简析

导入案例是一起涉及再婚和婚姻家庭暴力的离婚纠纷，情况非常复杂。

在调解员的批评教育、耐心引导和反复劝说下，夫妻和好。本案的成功调解，给我们以下启示：

1. 应唤起当事人对家庭的感情认同。根据家庭成员多年相处的感情基础和对家庭美满的共同期盼，引导他们走和解之路。本案中，首先考虑的就是以说情的方式强化当事人的感情基础，消除对立情绪，使得双方能在一个相对温情的氛围中协商问题。然后，以到外地来谋生不易，家庭和睦很重要来打动当事人；以母子天性、血浓于水取得丈夫李某国对妻子寄钱给孩子的情感认可。

2. 要善于抓住主要矛盾。当事人有了矛盾后没有及时解决，常年下来愈积愈深，双方各有怨气，向调解人员诉说时总是带有强烈的感情色彩，容易东拉西扯，把陈年旧事都拿出来。在这种情况下，调解员要保持冷静，主动在当事人之间架起沟通的桥梁，找出关键性的矛盾。本案调解中，调解人员认识到孩子的抚养问题成为夫妻之间的心结，找到了主要矛盾，抓住了解决纠纷的关键。

3. 要注意保护弱势群体。妇女、老人、儿童在家庭中往往处于弱势地位，不能压制弱小以求得一时的平静，而要帮助他们维护自己的合法权益，对违法侵权行为要严肃批评。本案中，人民调解员对丈夫李某国的暴力行为没有一笔带过，而是向他严肃指出，家庭暴力不只是家庭内部事务，如果他妻子向法院自诉，他将受到刑事制裁，只是因为妻子的谅解才没有受到法律的惩治，要使他明确认识到行为的违法性。同时指出，根据法律的规定，未成年人在生父去世的情况下，母亲张某有抚养孩子的义务，孩子长大后也会赡养父母，继父就等于多了一个孩子。李某国最终表示愿意寄生活费给孩子，并对先前的行为向妻子道歉，张某也表示接受。从此夫妻俩和好如初。

第三节　农村分家析产纠纷的调解

案例导入

　　某县桃花镇沿河村刘某夫妇生有 3 子和 1 女，都已立业成家，其中女儿在东北某市。2009 年沿河村整体搬迁，根据拆迁政策规定，三人可各分得 90 平方米安置房一套。但如果父母落户谁家谁就能多分 30 平方米的安置房。父母与三个儿子协商后，决定落户在老三处，增加面积的 3 万元由三人出资。次年父母迁居东北，老三认为自己应占有这间安置房，老大、老二因此不满，与老三发生纠纷，于是申请调解委员会调解。调委会受理了此案，经查，造成纠纷的主要原因是老三在父母迁居后对兄弟共同出资的父母安置房存在独占的想法。父母也希望调解。女儿表态不参与争议，也没有诉求。根据纠纷情况，调解员向老三讲解了权利与义务的关系，三人都出了钱，都拥有共同财产，义务是都应该照顾父母的起居生活，由于老三离父母近，尽义务较多，可以在房产分割比例上考虑多分一点，但产权不能因此全部归到老三名下。经反复说服疏导，当事人达成调解协议：三人集资的房产产权归老三；增值后的房子作价 7 万元后，拿出 6 万元给老大、老二平分。至此，纠纷得到圆满解决。

（来源：益阳市司法局）

　　农村分家析产纠纷的争执焦点多为土地、房屋之类的家族固定资产，处理不当，就会长期影响家庭成员之间的和睦。假如你是本案的调解员，你认为刘某夫妇的大家庭财产应当如何分解？你将会怎样开展调解工作，帮助刘家妥善解决分家析产的矛盾？如果你不能回答以上问题，请学习本节的知识。

知识学习

一、分家析产基本法律制度

　　分家和析产是两个不同的概念。分家，是指把一个较大的家庭按血缘、姻缘关系分成几个较小的家庭。析产，是指财产共有人通过协议的方式，根据一定的标准，将家庭共有财产予以分割，分属各共有人所有。

分家必然会涉及析产，还包含老人赡养的负担、共同债务的承担等事项，涉及一系列民事法律行为。法律没有对分家析产作出专门的规定。但是，根据《民法总则》《物权法》《农村土地承包法》《婚姻法》《合同法》《继承法》等法律的有关规定，大体可以归纳出农村分家析产的法律特征：

1. 所分的财产是家庭共同财产。在分家析产的过程中，对家庭财产的分割是一个重要的内容，其来源主要是家庭成员在共同生活期间的共同劳动收入、家庭成员交给家庭的财产和家庭成员共同积累、购置、受赠的财产，以及为了家庭的共同利益、用于家庭生活所产生的债务。

2. 受产人法律地位平等。分家中，受产人在法律上取得家庭财产的权利是平等的，至于取得财产的多少应根据家庭成员约定的规则，以及对家庭财产的贡献程度、家庭的伦理性要求、法定分配原则等因素来决定和平衡。

3. 不是家庭成员亲属关系的终止，也并非一定影响到家庭基本功能的发挥。分家析产只是对家庭财产的分割，以及通过分家析产的方式来取得"分门立户"的现实效果，分家析产之后，不会改变家庭成员之间的亲属关系，家庭成员之间的赡养、抚育以及教育关系仍然存在，家庭成员之间在身份上的权利义务关系仍然存在。

二、农村分家析产纠纷的主要情形

从分家析产纠纷涉及的家庭财产与利益类型来看，农村常见的分家析产纠纷主要有以下情形：

1. 家庭共有财产分割纠纷。家庭共有财产的构成复杂，包括家庭共有的房屋、车辆，共同经营的经济实体、生产资料，家庭承包土地上的收获物，有价证券，对外享有的债权，各种生活资料，没有分配的遗产等。进行家庭共有财产分割时，容易发生纠纷。

2. 家庭高龄老人的赡养、丧失劳动能力人的扶养和未成年人的抚养纠纷。根据《婚姻法》的规定，家庭关系包括夫妻关系、父母子女关系，以及有扶养关系的祖父母、外祖父母、孙子女、外孙子女及兄弟姐妹之间的关系等。如果三代同堂甚至四代同堂，或者因意外事故、重大疾病等导致家庭成员非正常死亡，或丧失劳动能力，在分家时就会面临高龄老人的赡养、丧失劳动能力人的扶养和未成年人的抚养问题。对此，在兄弟姐妹之间、叔侄之间容易发生纠纷。

3. 家庭共同债务纠纷。家庭财产共有人对于家庭为了共同的利益、用于家庭生活所产生的债务，包括家庭的贷款、欠款，负有共同偿还的义务。在分割共有财产的同时，除老人、丧失劳动能力人和未成年人以外，都要分摊贷款、欠款。由于大家庭的贷款、欠款不一定和每一位家庭成员的生活支出完全相对应，在分摊贷款、欠款时容易产生纠纷。

4. 家庭的承包地、自留地、自留山、宅基地划分纠纷。家庭承包的耕地、林地、荒地、滩涂、草地，以及自留地、自留山、宅基地，都属于集体所有，不是家庭共有财产，在进行分家析产时，家庭无权自行分割，但一般在分家的同时，一并申请村民委员会根据规定和大家商定的结果重新发包或分配到新立的各户。因这些土地的"风水"、交通条件、使用价值等存在差异，在划分到各户时可能产生纠纷。

三、调解农村分家析产纠纷应当注意的事项

1. 兼顾适用法律规定与尊重民间习俗。分家析产在我国有悠久的传统，许多做法约定俗成。农村的分家析产一般由家庭中辈分最高的当家人主导进行，在分家析产的过程中掺杂着赡养义务的分担，情况复杂。调解分家析产纠纷，应依照《民法总则》《物权法》《农村土地承包法》《婚姻法》《合同法》《继承法》等法律的有关规定，同时尊重民间习俗，妥善协调民间习俗与法律规定的冲突，提出切实可行的权利分配与义务承担方案。

2. 考虑家庭成员对家庭财产的贡献程度并适当照顾家庭弱势群体。家庭财产分割应考虑家庭成员对家庭财产的贡献程度，但要注意，这种贡献不仅仅是直接经济收入，还应包括劳务、家事管理等付出。家庭弱势群体（如老人、妇女、儿童、丧失劳动能力人）对家庭财产的贡献可能有限、贡献较小或者没有贡献，但是，在分割家庭财产时应分给他们必要的份额。

3. 依法核定分割的家庭财产和受产人。家庭财产分割只涉及家庭成员共有的财产，不能对属于家庭成员个人的财产进行分割。家庭成员都是家庭共同财产的受产人。没有分配的遗产只能属于有继承权的人共有，无继承权的家庭成员不是未分配遗产的共有人，原则上不能分得遗产。

4. 分割共有物不得损害物的经济价值。分割共有物应从有利于生产、生活和物的利用上进行考虑：可分物在分割后无损于物的使用价值的，可以进行实物分割。不可分割的物，如农机、农用车、仓库等，共有人中有人愿意取得共有物的，可对其他共有人作价补偿；如共有人都不愿取得共有物的，可把共有物作价出售后由共有人分割价金。

5. 分割家庭成员共同经营的生产资料应有利于生产和经营。家庭成员共同经营的生产资料虽然是可分物，但应本着有利于生产和经营的原则，实行按份共有的办法，共有人中有愿意取得的，可对其他共有人作价补偿；共有人都不愿取得的，可作价出售后由共有人分割价金。

案例简析

导入案例是一起农村常见的分家析产纠纷。

调委会受理此案后，经调查核实，查明：老大、老二为解决老人安居也曾经出了钱，所以应该有参加父母财产分割的权利。同时，老三和老人一起生活，对老人的扶养照顾肯定要多一些。在分割家产时应考虑给老三多分配一些。这样做，于法有据，也在情理之中。造成纠纷的主要原因是，老三在父母迁居后，想独占兄弟共同出资的父母安置房。为了不激化矛盾，父母也希望调解。女儿明确表态不参与父母财产分割。

根据纠纷情况，调解员向老三讲解了权利与义务的关系，三人都给父母安置房出了钱，都拥有该共同财产的分割权，义务是都应该照顾父母起居生活。在义务履行方面，老三与父母共同生活，尽义务较多，可以在房产分割时多分一点，但产权不能全部归到老三名下。经反复说服疏导，释明法律、诠释亲情，当事人终于达成调解协议：三人集资的房产产权归老三；增值后的房子作价 7 万元后，拿出 6 万元给老大、老二平分。

在农村，某个子女在赡养老人之后，独自把老人的家产全部承接下来，引发其他家庭成员的不满，产生纠纷，不足为怪。但是，由于分家析产纠纷的处理直接涉及每个家庭成员的切身利益，不容易调解。本案的调解，注意了法理与实际情况相结合，运用了唤起旧情等方法，反复说明道理，进行疏导，既考虑到老大老二的投资，也照顾了老三对老人的扶养，使纠纷得到圆满解决。

第四节　农村抚养纠纷的调解

案例导入

徐某与张某结婚后生有一子，现已 13 岁。婚后因感情不和，于 2013 年 11 月协议离婚，并约定儿子随母亲徐某生活，张某每月支付抚养费 800 元。2014 年张某再婚，徐某因此而拒绝张某再探视儿子，也因为徐某不让张某探视儿子，张某就一年多未给付任何抚养费。现在儿子的花费越来越多，徐某一人也承担不起，要求张某按时支付抚养费并清偿以前拖欠的抚养费。同时，儿子看到母亲为了自己的生活和学习费用，每天那么辛苦地挣钱，于心不忍，也要求父亲张某增加每月的抚养费。2015 年 11 月双方带着儿子张某某一起申请调解。

（来源：益阳市司法局）

本案涉及农村夫妻离婚后前夫对儿子的探视和抚养费支付两个问题。农村妇女徐某离婚后，因拒绝前夫再婚后探视小孩，而无法继续得到儿子的抚养费，生活的艰难程度可想而知。假如你是本案的调解员，你会提出什么样的调解方案？怎样开展调解，帮助这母子俩摆脱困境？如果你不能回答以上问题，请学习本节的知识。

知识学习

一、抚养基本法律制度

抚养，是指长辈亲属对晚辈亲属的抚育教养。

（一）抚养权

1. 抚养权是父母（包括继父母、养父母）对其子女的一项人身权利。拥有该权利的一方或双方在子女成年之前，有权决定是否与子女共同生活，该权利在子女成年时消灭。

2. 夫妻离婚时，子女抚养权的归属可以协商，如协商不成，则由法院判决。法院判决抚养权归属时，必须坚持有利于子女成长的原则。

3. 失去抚养权的一方仍然享有探视权，可以在约定或裁判的时间内定期探视子女，并与子女进行相对短暂的相处。

（二）抚养费

1. 抚养费的项目。其包括生活费、教育费和医疗费。

2. 抚育费的标准。可根据子女的实际需要、父母双方的负担能力和当地的实际生活水平确定：有固定收入的，抚育费一般可按其月总收入的20%～30%的比例给付。负担两个以上子女抚育费的，比例可适当提高，但一般不得超过月总收入的50%。无固定收入的，抚育费的数额可依据当年总收入或同行业平均收入，参照上述比例确定。

3. 抚养费的支付方式。一般是按月支付，按月打入孩子抚养费的专用账户或在探视孩子时支付，实践中，也有一次性支付的。

4. 抚养费的给付期限。一般至子女18周岁为止。16周岁以上不满18周岁的子女，以其劳动收入为主要生活来源，并能维持当地一般生活水平的，父母可停止给付抚养费。子女虽满18周岁但尚未独立生活的，如父母有给付能力，仍应负担必要的抚养费。

二、农村抚养纠纷的主要情形

抚养纠纷，是指抚养人与被抚养人之间因抚养义务的履行所发生的纠纷，以及被抚养人的长辈之间因争夺抚养权所发生的纠纷。从纠纷当事人的角度来看，农村抚养纠纷主要有以下情形：

1. 父母子女之间的抚养纠纷。未成年人的父母不履行对子女的抚养义务，未成年人在其他亲属或社区、社会组织的帮助下维权，与父母发生纠纷。这类纠纷多发生在未婚生子、再婚家庭等情形。

2. 祖父母、外祖父母和孙子女、外孙子女之间的抚养纠纷。主要是有负担能力的祖父母、外祖父母，对于父母已经死亡或父母无力抚养的未成年孙子女、外孙子女之间因抚养产生的纠纷。

3. 夫妻离婚后因变更子女抚养关系而发生的纠纷。夫妻离婚后，子女成年之前，一方或双方的情况发生以下变化，可要求变更子女抚养关系：与子女共同生活的一方因患严重疾病或因伤残无力继续抚养子女的；与子女共同生活的一方不尽抚养义务或有虐待子女行为，或其与子女共同生活对子女身心健康确有不利影响的；8 周岁以上未成年子女，愿随另一方生活，该方又有抚养能力的；有其他正当理由需要变更的。如双方意见不一致，则会引发纠纷。

4. 夫妻离婚后因子女抚养费的支付而发生的纠纷。夫妻离婚后，子女成年之前，无抚养关系一方不按照离婚协议书或法院判决书的要求支付抚养费，而引起纠纷。

三、调解农村抚养纠纷应当注意的事项

（一）调解变更子女抚养关系的纠纷时，要突出对子女一般利益的保护

1. 要充分考虑子女与家庭成员的关系，考虑到孩子的家庭环境。注重从父母的综合实力和父母子女间的感情方面确定子女抚养关系。

2. 应从照顾子女及女方利益方面考虑，如子女与女方一起生活，应由男方多给付抚养费。另一方面应从双方经济状况、与子女感情情况、子女本人意见等方面综合考虑，确定子女直接抚养权。

3. 对已满 8 周岁的限制行为能力人，要征求其意见，注意其内心感受，要充分意识到子女意见的重要性。

4. 有多个子女的，如果子女之间的感情较好，则不宜分离。

5. 细化探望措施，解决双方后顾之忧。

（二）正确把握继父母对继子女的抚养权

继父母和继子女之间的关系和一般的父母子女关系不同，前者具有姻亲关系和教育抚养关系，但不具备血缘关系，这种权利和义务是可以解除的。

1. 生父与继母或生母与继父离婚时，生父（母）和继母（父）都要求抚养该子女的，抚养权归生父母所有。

2. 生父与继母或生母与继父离婚时，对曾受其抚养教育的继子女，继父母

不愿意继续抚养的，认为抚养关系已经解除，该子女仍由生父母抚养。

（三）正确确定祖父母、外祖父母对孙子女、外孙子女的抚养义务

这种抚养义务须具备三个条件：

1. 被抚养人是未成年人。

2. 被抚养人的父母亲已经死亡或者无能力抚养。

3. 抚养人有负担能力。

（四）工作方式上要注意尽可能减少对被扶养人的情感伤害

首先，要注意调和父母双方或其他扶养义务人相互之间的矛盾，争取在成年人之间就抚养问题取得一致。尽量避免因抚养纠纷处理不当而对子女造成进一步伤害。如果父母双方或其他扶养义务人之间尚未达成某种一致，则抚养纠纷的调解要避开子女。其次，在成年人之间就抚养问题达成一致后，可以让年龄较大的子女一起参与进来，营造相对正常、和谐的气氛，努力建立起子女对未来生活的正常心理预期。

案例简析

导入案例是生活中常见的子女抚养权纠纷。

本案纠纷的焦点集中在探望权和抚养费方面。调解员在了解相关事实、掌握双方当事人的心理后，考虑到未成年人在场，便采取"背靠背"方式分别作当事人双方及孩子的工作。根据《婚姻法》的相关规定，分别对徐某和张某就探视问题和抚养费问题进行宣传与沟通；并对各自存在的问题进行批评，同时希望他们共同培育好孩子。对孩子张某某进行安慰，告诉他：父母的争执不是针对他的，父母是爱护他的，他仍是父母的宝贝。经调解员晓之以理、动之以情的良苦用心，徐某意识到因为张某再婚就拒绝其看望孩子的行为是不对的，张某也承担了自己对孩子的抚养责任，最终双方达成协议：张某一次性清偿拖欠的抚养费，以后每月按时支付给徐某 1000 元抚养费，直至儿子具备独立生活能力时为止。徐某同意张某每月送抚养费时看望孩子，儿子张某某也希望每月与父亲见面。至此，该案件得到了圆满的解决。

本案调解员法、理并用，疏导女方承认并尊重男方的探视权；又疏导男方给

付子女抚养费。结果，使双方当事人各让一步，达成和解。

本案的调解过程提醒我们，在农村子女抚养纠纷的调处中，要特别注意以下问题：

任何一方都不能因对方再婚而剥夺其探望孩子的权利。《婚姻法》规定了离婚后不直接抚养子女的父或母，有探望子女的权利，也规定了夫妻双方离婚后都有再婚的权利，任何人不得干涉对方再婚。在本案中，徐某不能干涉张某再婚的权利，更不能因张某再婚就拒绝其看望孩子。夫妻双方离婚后，一方因为对方再婚就阻止其看望孩子，这是不合法的，这样做最后受到伤害的只能是无辜的孩子。

任何一方都不能以对方阻止其探视孩子就不再支付抚养费。同时，在必要时，孩子也有权要求父母再增加抚养费。在本案中，一方因对方当事人阻止自己探视子女，而擅自中断支付抚养费的行为，看似符合平常人的逻辑，其实已经触犯了我国的法律。我国《婚姻法》中规定的探视权是不与孩子共同生活的一方父亲或者母亲看望子女的一项权利，是不能剥夺的，更加不能以此为理由终止履行自己抚养子女的义务。同时，随着子女生活、学习的费用逐渐增加，子女请求父亲增加每个月的抚养费是合法合理的，应当予以支持。

要注意灵活运用调解的技巧与方法。父母因抚养费的问题而发生纠纷，并在孩子的眼前上演一场抚养费纠纷舌战，会伤害孩子的感情。本案调解员采用"背靠背"的方式，避免了父母在孩子面前舌战的场面，并耐心地安慰孩子。这种为了未成年人的身心健康而采取的爱心调解方式，是值得同行借鉴的。此外，调解员在处理该纠纷中还运用了"换位思考法"，引导当事人双方充分考虑对方以及孩子的感受，使纠纷得以顺利解决。

第五节　农村赡养纠纷的调解

案例导入

2015 年 4 月 26 日早上，会龙司法所张所长刚到办公室门口，便见手握拐杖的白发老人等候在那里，哭泣着请求张所长为她帮忙做主。原来，老人姓单，今年78岁，家住大岩村，一生未育，但收养过两个女儿，均出嫁到外乡。老伴去世后，她一直靠政府的最低生活保障金独自生活。近年来，由于体弱多病，生活不能自理，最低生活保障金不够支付医药费，生活更无着落。于是，她找到两个女儿，没想到她们相互推诿，不愿赡养接纳老人。无奈之下，老人听从别人的意见，请张所长给她写诉状起诉两个女儿。张所长决定先进行调解。

（来源：赫山区司法局基层股）

目前，我国正面临人口老龄化局面，农村老年人的赡养问题已经成为一个比较突出的社会问题。假如你是张所长，面对孤立无助的老人，你是否会立即答应她的请求？或者采取其他更合适的办法帮助她？你将怎样帮助单奶奶解决赡养问题？如果你不能回答以上问题，请学习本节的知识。

知识学习

一、赡养基本法律制度

赡养，是指子女（或晚辈）在经济上为父母（或长辈）提供必需的生活用品和费用的行为。它是子女对父母或晚辈对长辈孝顺的一种行为，是中华民族的优良传统之一，包括子女对父母的赡养和晚辈对长辈的赡养。

（一）赡养义务

1. 赡养义务，主要是指赡养义务人在经济上应为被赡养人提供必要的生活用品和费用，在生活上、精神上、感情上对被赡养人应尊敬、关心和照顾。

2. 有经济负担能力的赡养义务人，不分男女、已婚未婚，在被赡养人需要赡养时，都应依法尽力履行赡养义务直至被赡养人死亡。

3. 婚生子女对父母、非婚生子女对生父母、养子女对养父母，以及继子女对履行了抚养教育义务的继父母，负有赡养义务。

4. 有负担能力的孙子女、外孙子女，对于子女已经死亡的祖父母、外祖父母，负有赡养义务。

（二）赡养费

1. 赡养费的具体项目。包括老年人基本赡养费、老年人的生病治疗费用、生活不能自理老人的护理费用、老年人的住房费用、必要的精神消费支出、必要的保险金费用六个方面。

2. 赡养费的给付标准。每个赡养人的义务内容相同，但是在义务履行上要以赡养人的实际能力为限，由赡养人与被赡养人协商，根据当地的经济水平、被赡养人的实际需求和赡养人的经济能力综合确定。

3. 对于城市户口老年人的赡养费给付，一般按家庭总收入减去家庭成员城市居民平均生活费标准，剩余部分按其赡养人数的平均数额计算。各省市出台的关于城镇居民最低生活保障的法规或规范性文件中，都有关于赡养费计算方法的规定。

4. 对于农村户口老年人的赡养费，一般按照当地统计部门发布的上年度当地农民年人均生活费数据为基准。

5. 随着时间的推移，原来确定的赡养费标准已不能保障被赡养人的基本生活，赡养义务人有能力负担的，被赡养人可以要求增加赡养费数额。

二、农村赡养纠纷的主要情形

农村赡养纠纷多发生在多子女、多亲属的家庭之中。从纠纷的内容来看，农村赡养纠纷可分为赡养费纠纷和变更赡养关系纠纷。从诱发纠纷的原因看，农村赡养纠纷主要有以下几种情形：

1. 赡养人夫妻矛盾引起赡养纠纷。赡养人夫妻一旦出现对立情绪，往往殃及老人，一方将怨气发泄到对方父母身上，引发赡养纠纷。

2. 赡养人经济困难引起赡养纠纷。有的赡养人自己还在贫困线上挣扎，本人的生活都成问题，因此无能力赡养自己的父母，而引发纠纷。

3. 赡养义务人之间相互推卸责任引起赡养纠纷。有多名赡养义务人的家庭，往往因兄弟姐妹、妯娌之间相互攀比、推卸赡养责任而引发赡养纠纷。

4. 分家析产引起赡养纠纷。在分家过程中，由于受家庭经济状况及老人主观因素等影响，在财产分割上难以做到家庭成员人人满意，有的赡养义务人以此为借口拒绝承担赡养义务，而引起纠纷。

5. 老人再婚引起赡养纠纷。老人丧偶另娶（或另嫁）遭到晚辈反对的，在老人失去劳动能力需要赡养时，容易产生赡养纠纷。

6. 赡养人无视法律和道德规范要求，拒绝赡养，引起赡养纠纷。有些晚辈无视法律规定和道德约束，把老年人当作"包袱"，拒绝履行赡养义务，而引起纠纷。

7. 父母对子女未尽抚养义务，或者因过错给子女造成过心灵伤害，子女成年后拒绝赡养年老父母而引发赡养纠纷。

三、调解农村赡养纠纷应当注意的事项

（一）要突出对被赡养人一般利益的保护

1. 要充分考虑被赡养人与家庭成员的关系，从照顾被赡养人利益方面考虑，综合确定被赡养人的生活地点和负责照顾的人。

2. 要细化对被赡养人的日常生活、情感关怀和疾病治疗的措施，明确赡养费的具体来源，解决被赡养人的后顾之忧。

（二）要依法落实特殊情形下的赡养义务

1. 形成了抚养关系的继子女必须对继父母尽赡养义务。

2. 已出嫁的女儿对父母有赡养扶助的义务。赡养人是没有工资收入的家庭妇女的，可以从她夫妻共同劳动所得的财产中取得适当部分来赡养父母。

3. 父母对子女未尽抚养义务，或者因一般性错误行为给子女造成心灵伤害的，子女独立后仍应自觉履行赡养老年父母的义务。但是，父母犯有严重伤害子女感情和身心健康的罪行的，原则上丧失了要求被害子女赡养的权利。这些情形包括：父母犯有杀害子女的罪行的，父亲奸污女儿的，父母犯有虐待、遗弃子女罪行的。

4. 父母取消子女对财产的继承权的，子女仍有赡养义务。子女声明放弃财产继承而不承担赡养义务的，子女放弃继承权的行为有效，但是不承担赡养义务的行为无效。

5. 子女对父母的赡养义务，不因父母的婚姻关系变化而终止。对于农村很多子女不愿意老人再婚、甚至想方设法阻止老人再婚的行为，要提出严肃批评。

（三）在调解方法上，要考虑老人性格上可能存在的怪异与心态上的特殊性，在非原则问题上尽量迁就，避免正面冲突

因此，应当做到更有耐心、更加细心、更有诚心。要耐心听取当事人的倾

诉，耐心做当事人的说服和教育工作；细心安排调解时间；细心照顾老年人的情绪变化，细心保证调解内容的完整；以诚心对待当事人，用诚心感化当事人。

案例解析

这是一起因养子女未尽赡养老人义务而引起的农村赡养纠纷。

张所长了解老人的生活难处和整个纠纷过程后，除了同情，更多的是想如何及时采取调解措施，解决老人的困境。于是就做老人工作，"此纠纷不宜通过诉讼解决，如果要这样，即使为你提供法律援助减免费用，但程序复杂，时间长，而你目前状况又不能拖延，并且也会增加社会对你子女的负面评价，加大矛盾。通过调解，既可缓解你们之间的紧张关系，也能减少诉讼成本，更能实现和谐相处。如果调解不成，再考虑诉讼也不迟"。

老人同意后，张所长随即召集两个女儿和女婿进行调解。从讲解《婚姻法》《老年人权益保障法》入手，让两个女儿明白孝敬父母、赡养老人是每个子女应尽的法律义务，虐待、遗弃老人更是违法和犯罪行为。同时又讲明女婿虽无赡养岳父母的义务，但孝敬、赡养老人是中华民族的传统美德，不孝敬老人将会受到社会的谴责。

在真情感召和说服教育下，两个女儿和女婿表示愿意赡养老人，达成协议："每个女儿轮流赡养老人一个月，每月的 1 日早晨由赡养人主动将老人接到自己的居住地履行赡养义务；老人的医疗费用由两个女儿均摊。"调解结束后，大女儿在张所长的陪同下将老人接到自己家中。一个月后，张所长进行回访，在二女儿家中见到了老人，老人心情愉快，病情也有所好转。

本案的成功调解，给我们带来以下启示：

1. 坚持了依照法律和道德开展调解。根据《婚姻法》《老年人权益保障法》的规定，养子女同样对老人有赡养扶助的义务。调解员依法进行调解，使两个女儿明白了法律对赡养问题的明确规定，知道了自己对老人负有法定的赡养义务。同时，将社会公德融入调解之中，使两个女儿和女婿均受到了道德的感化。不仅使两个女儿和女婿接受并赡养老人，而且有效地维护了两个女儿的夫妻关系和家庭稳定。

2. 做到了及时迅速调解。上班接案，9 点调解，11 点结案，可谓神速。此案件，如果不及时调解，老人的生活无法保障，更有可能由于生活困难所迫，出现不测或发生其他恶性事件。及时调解处理，避免了不良情况发生。

3. 运用了"先普法后调解"的调解技巧。通过讲解法律法规和社会公德，让当事人明白了法律规定，辨别了是非，对成功达成协议起到了积极的作用。

第六节　农村家庭暴力纠纷的调解

案例导入

2015 年 2 月 5 日，家住张家村的李大妈在邻居的陪同下，来到村调委会张主任处，哭诉儿媳妇韩某对她打骂的经过。原来，去年底儿媳妇韩某生完小孩，满月后回娘家住。事发前一日，儿媳妇让其丈夫回家拿换洗的衣服，丈夫没给拿。韩某认为是婆婆李大妈的主意，便气哼哼地回到家。一进门，李大妈正好做熟饭，让韩某吃，韩某非但不吃反而破口大骂，扬言要拿杯子砸死李大妈，李大妈一搭话，韩某上去就把李大妈推倒在地，并扇了李大妈一记耳光。李大妈气得心脏疼了半宿，一夜未眠，起来就找到调委会。

（来源：吴玉华：《人民调解案例》）

在农村，家庭暴力纠纷往往具有易发性、长期性等特点。若调处不当，可能使当事人家庭分崩离析。如果你是本案的调解员，你将会采用什么态度和调解方法，化解李大妈与儿媳妇韩某之间的纠纷？如果不能回答以上问题，请学习本节的知识。

知识学习

一、反家庭暴力法律制度

家庭暴力，是指家庭成员之间以殴打、捆绑、残害、强行限制人身自由以及经常性谩骂、恐吓等方式实施的对身体、精神等的侵害行为。

1. 家庭暴力的主体范围。家庭暴力是发生在家庭成员之间的暴力。但是，根据我国《反家庭暴力法》第 37 条的规定，家庭成员以外共同生活的人之间实施的暴力行为，参照《反家庭暴力法》的规定执行，这意味着同居关系、抚养照料关系、家庭雇佣关系等共同生活的人之间实施的暴力行为，都可以适用《反家庭暴力法》。

2. 家庭暴力的行为特征。构成家庭暴力的行为是积极的作为，消极的不作为不构成家庭暴力。这是家庭暴力与虐待、遗弃等针对家庭成员违法行为的不同之处。

3. 家庭暴力的法律责任。

（1）民事责任。家庭暴力是法定离婚理由之一，而且受害者可以要求家庭暴力实施者承担损害赔偿的民事责任，包括要求物质损害赔偿和精神损害赔偿。

（2）行政责任。对实施家庭暴力尚未构成犯罪的，可处以 15 日以下拘留、200 元以下罚款或者警告。

（3）刑事责任。对实施家庭暴力构成犯罪的，依法追究刑事责任。

二、农村家庭暴力纠纷的主要情形

从家庭暴力的具体方式来看，家庭暴力纠纷大体有以下情形：

1. 身体暴力引起的纠纷。这是指行为人以殴打、捆绑、残害、强行限制家庭成员人身自由或者其他手段给家庭成员的身体造成一定伤害后果而引起的纠纷。具体表现为：①夫妻一方殴打另一方致伤；②夫妻间经常性的拳打脚踢、咬、掐、拧、推、搡、扇耳光等人身伤害或羞辱行为；③妇女在孕产期间遭配偶殴打；④在离婚诉讼期间殴打或唆使他人殴打配偶；⑤由第三者介入的对配偶的身体伤害行为。

2. 精神暴力引起的纠纷。这是指对家庭成员的精神施加压力，使被害人的身心造成伤害而引起的纠纷。具体表现为：①夫妻一方对另一方经常性的威胁、恫吓、辱骂造成对方精神疾患；②以伤害相威胁，以损害家具、伤害动物、打骂孩子相恫吓造成对方精神恐惧、安全受到威胁；③为达到精神控制的目的，对配偶经常性的当众或私下恶意贬低、羞辱、挖苦、奚落、嘲笑、谩骂致对方不堪忍受；④经常刁难、干涉、猜疑、阻止限制对方行动自由，影响对方正常工作生活；⑤公开带第三者回家同居羞辱配偶。

3. 性暴力引起的纠纷。这是指故意或有计划地在行为、言语和态度上对配偶的身体作出有性意味的冒犯，令对方产生恐惧，受威胁或者羞辱而引起的纠纷。具体表现为：①经常以暴力强行与配偶发生性行为，造成对方身心伤害；②酗酒后以暴力强行与配偶发生性行为，致对方不堪忍受；③患有传播性性疾病，仍以暴力强行与配偶发生性行为；④强行对配偶实施变态性虐待。

4. 经济控制引起的纠纷。这是指夫妻一方通过对夫妻共同财产和家庭收支状况的严格控制，摧毁受害人自尊心、自信心和自我价值感，以达到控制受害人的目的引起的纠纷。具体表现为：强行控制受害者的金钱和财产，胡乱支配用以自我享受，不顾及家庭的整体规划和配偶的经济需求。

5. 冷暴力引起的纠纷。这是指对配偶表现漠不关心、不理不睬、不过性生活、不做家务等引起的纠纷。具体表现为：通过暗示的威胁、言语的攻击，在经济上和性方面进行控制，有意用精神折磨来摧残对方，使婚姻处于一种长期的不正常状态。

三、调解农村家庭暴力纠纷应当注意的事项

1. 调解家庭暴力纠纷必须迅速及时。对正在实施的家庭暴力，受害人有权提出调解请求，调解委员会应当迅速介入，开展调解。

2. 要严肃批评实施家庭暴力的行为，明确指出实施家庭暴力行为的违法性和需要承担的相应法律责任。

3. 鉴于家庭暴力发生在家庭成员之间，证人一般不愿意出面作证，为维护受害人的合法权益，允许未成年家庭成员作证，只是应当采取有效措施以避免作证可能会给未成年人带来的伤害。

4 对于已严重触犯刑法的家庭暴力行为，调解委员会没有管辖权，应当支持受害人依法向公安机关报案。

案例简析

导入案例是婆媳不和引起的家庭暴力纠纷。

张主任了解事情经过后，一方面劝慰李大妈保重身体，另一方面批评韩某恶劣错误的做法并联系韩某，即拨通韩某娘家的电话。韩某承认打骂老人的事实，

但不承认自己是错的。为平息矛盾，解决纠纷，张主任找到了住在附近的韩某的舅舅和姨娘帮助调解，韩某下午回到家。张主任和调解员小黄马上登门，韩某不服气，把一些"芝麻烂谷子"的往事说了出来，觉得自己理不亏。张主任耐心告诉她有事说事，打骂老人是不对的，并向其讲述《老年人权益保障法》的有关规定。韩某听后不再言语，张主任让韩某再考虑两天。两天过后，张主任和小黄再次找到韩某，让其站在女人和家庭全局的角度考虑问题，说："看得出来，你很在意孩子。你现在和婆婆的关系弄僵了，最难受的肯定是孩子的父亲，即你丈夫。一边是母亲，一边是妻子，他会如何选择？如果你丈夫选择了和母亲在一起，与你离婚，那意味着什么？试想孩子将会怎样？咱们都是女人，肯定不希望这种结局发生。"张主任也对李大妈进行了劝导，让她在今后的生活中不要专挑儿媳妇的刺。最后，韩某向李大妈赔礼道歉，李大妈也表示既往不咎，两人和睦相处。

在本案调解过程中，当事人首先情绪化地过分强调自己的立场和观点，认为自己有理，对方理亏，让步的总应该是别人。针对这种情形，张主任运用换位思考的方法，引导当事人考虑解决纠纷的办法，打破了婆媳僵局。他让韩某站在丈夫的角度思考问题，儿媳妇要体会婆婆几十年的艰辛，要体会丈夫夹在婆媳之间的特殊处境，要考虑矛盾如果不解决，今后的家庭生活、家庭关系怎样维系等现实问题。因势利导地提醒他们，如果出现这种情形怎么办？如果出现那种情形怎么办？使当事人慢慢转变观念，作出相应的让步，化干戈为玉帛。

第七节　农村继承纠纷的调解

案例导入

2005 年，某乡单家村孔某的丈夫病逝，因两人只有两个闺女没有儿子，经协商，由侄子单某打幡出殡，之后分给单某一亩责任田作为补偿。但单某却认为，自己为伯父打幡出殡，所有遗产（包括房屋）应全部归自己继承。2011 年 3 月 20 日，单某在没有征求孔某意见的情况下，在孔某住闺女家的时候，私自将孔某住的四间主房拆除，并执意要在孔某的宅基地内建造楼房。孔某得知后，前去阻止单某，但单某不予理睬。孔某无奈，就申请乡调委会调解。

（来源：安化县冷市司法所）

这是一起地方民俗与法律发生冲突所引发的继承纠纷。调解本案的关键是正确处理地方民俗与法律的冲突问题。如果你是本案的调解员，你会坚持什么样的观点？将采用什么调解方法与合适的方案解决双方的争执？如果你不能回答以上问题，请学习本节的知识。

知识学习

一、继承基本法律制度

继承，是指自然人死亡之后，其遗留的个人合法财产依照法律的直接规定或有效遗嘱，无偿转移给其近亲属所有的法律行为。继承从被继承人死亡时开始。

（一）可以继承的遗产

遗产，是指公民死亡时遗留的个人合法财产和其他合法权益。可以继承的遗产包括：①公民的合法收入；②公民的房屋、储蓄和生活用品；③公民的林木、牲畜和家禽；④公民的文物、图书资料；⑤法律允许公民所有的生产资料；⑥公民的著作权、专利权中的财产权利；⑦公民的其他合法财产（如有价证券和履行标的为财物的债权等）。

（二）继承的方式

1. 法定继承，是指按照法律直接规定的继承人范围、继承顺序和遗产分配原则等进行财产继承。法定继承是一个强制性规范，除被继承人生前依法以遗嘱的方式改变外，其他任何人均无法改变。

2. 遗嘱继承，又称指定继承，是指被继承人生前通过立遗嘱的形式确定继承人及其个人财产在其死亡后的分配方案。立遗嘱人可以指定遗嘱执行人。

（三）继承中的特殊情形

1. 代位继承，又称间接继承，是指在法定继承中，被继承人的子女先于被继承人死亡的，被继承人的子女的晚辈直系血亲代替其父母的继承顺序继承被继承人的遗产。代位继承只适用于法定继承的第一顺序中先于被继承人死亡的子女。

2. 转继承，又称为再继承、连续继承，是指继承人在继承开始后、遗产分割前死亡，其应继承的遗产转由他的合法继承人来继承。实际接受遗产的人被称为转继承人，已死亡的继承人被称为被转继承人。转继承适用于法定继承、遗嘱继承和遗赠。

（四）遗产的其他处理方式

1. 遗赠，是指公民通过设立遗嘱，将其个人所拥有的财产的一部分或者全部，待其死亡后无偿赠送给国家、集体组织、社会团体或者法定继承人以外的人的行为。

2. 遗赠扶养协议，是指受扶养人（即遗赠人）与扶养人签订的关于扶养人承担受扶养人生养死葬的义务，受扶养人将自己的财产于死后赠与扶养人的协议。扶养人可以是公民也可以是集体经济组织。遗赠抚养协议的法律效力高于法定继承、遗嘱继承及遗赠。

二、农村继承纠纷的主要情形

1. 对继承的有关事项发生争议引起的纠纷。主要是继承人对遗嘱或遗赠扶养协议的效力、遗产的范围和数额、继承人的范围和顺序、遗嘱或遗赠扶养协议的执行方式等问题认识不一致而产生的纠纷。

2. 侵害继承权引起的纠纷。此即因发生侵害继承权、受遗赠权的行为而引起的纠纷。

（1）继承主体侵权纠纷：①非法取消继承人、受遗赠人继承资格的纠纷；非法剥夺法定继承人以外的人依法可以分得遗产资格的纠纷，或者非法扣减其应得的遗产份额的纠纷；②分割遗产时未保留胎儿继承份额的纠纷；③法定代理人损害被代理人的继承权、受遗赠权的纠纷。

（2）侵害遗产的纠纷：①财产隐匿、侵吞或争抢遗产的纠纷；②非法处分未分割的遗产的纠纷；③非法扣减继承人应继遗产份额和遗赠财产的数额的纠纷。

三、调解农村继承纠纷应当注意的事项

1. 先析产后继承。调解继承纠纷，要注意先把被继承人的遗产同他生前与他人共有的财产区分开来，把被继承人个人所有的财产从家庭共同财产中分离出来，把被继承人生前个人合法所有的财产同他代管、经营、租赁的财产区别开来。

2. 要情法交融，唤起亲情。调解继承纠纷，要以法律为准绳，情法交融，善于渲染人世间美好的亲情，激发当事人人性中真、善、美的一面，促使当事人逾越利益的差异和冲突，平息矛盾，解决纠纷。

3. 继承人放弃继承权的，必须满足以下条件：①是继承人本人作出放弃的表示；②继承人具备民事行为能力；③放弃继承权须在特定时间作出；④不得损害他人利益，比如放弃继承权致使其不能履行法定的抚养、扶养、赡养义务，或其他债务的，放弃无效；⑤放弃继承权须以法定方式作出。继承人放弃继承后翻悔的，须在遗产处理前提出。

4. 在法定继承中，确定继承人的范围和顺序时，把应当取得遗产的继承人和依法应当得到适当遗产的非继承人都计算进来，把无继承权的亲戚、丧失继承权和抛弃继承权的继承人都排除掉。其中，应特别注意丧偶儿媳、女婿对公婆、岳父母的遗产有无继承权，改嫁寡妇的继承权、胎儿的继承权、出嫁女儿的继承权，以及代位继承人和转继承人的继承权。

5. 法定继承中继承人继承遗产的份额一般适当均等，但对生活有特殊困难的缺乏劳动能力的继承人，分配遗产时，应当予以照顾；对被继承人尽了主要扶养义务或者与被继承人共同生活的继承人，在分配遗产时，可以多分；有扶养能力和有扶养条件的继承人，不尽扶养义务的，分配遗产时，应当不分或者少分；继承人协商同意不均分的可以不均等。

案例简析

导入案是法律规定和民俗不一致的情况下应该如何处理的典型案例。

乡调委会接受申请后，首先向单某进行"明确法律规定要高于民俗"的充分说理，告知单某：根据《继承法》的规定，单某作为死者的侄子，不在继承人范围之内，根本不具有继承权。死者的妻子孔某和他们的两个女儿才是真正的

遗产继承人，任何人无权剥夺她们的继承权。打幡继承只是一般的民俗，不是法律规定，在民俗和法律明显冲突的情况下，必须以法律规定为准。从而使当事人情绪有所松动。

接着，乡调委会采取"冷处理"调解法，适当拖延。在调查了外围材料，摸清了单某没有对孔某尽赡养义务，只有打幡出殡的事实后，邀请村委干部，单某家族的长辈，以及孔某的娘家侄子和闺女共同参与调解。让各方充分发表意见，是非逐渐明朗。

最后，对于房屋被拆除的问题，考虑到重新恢复已不可能的实际情况，调解员巧妙地采取了"调换"的方法处理问题，双方表示接受，达成协议。调解获得成功。

整个调解，体现了调解员对法律的准确理解和处理实际问题的娴熟技巧。

本章考核重点

婚约财产的内容和法律政策对婚约的态度；离婚纠纷调解要点及注意事项；分家析产纠纷的调解要点和注意事项；抚养、赡养纠纷的主要情形和注意事项；家庭暴力的类型和责任承担；继承纠纷的分类和调解注意事项。

练习题

一、判断题（判断下列说法是否正确。若正确在括号内画√，否则画×）

1. 婚约财产纠纷案件的标的物即通常所说的彩礼，但"共同花费"和"属于赠与性质的财物"不属于彩礼的范畴。（　　　）

2. 分家析产既是对家庭财产的分割，也改变了家庭成员之间的亲属关系。（　　　）

3. 父母对子女的抚养教育是无条件的。（　　　）

4. 家庭暴力既可以是积极的行为，也可以是消极的作为。（　　　）

5. 赡养父母不能以"分家析产"为条件，也不受父母有无财产、是否分过家以及分家是否公平的影响。（　　　）

二、单项选择题（每小题的4个选项中有1项正确，请将正确选项的序号填在括号内）

1. 根据《婚姻法》的规定，下列有关实施家庭暴力的救助措施，其说法错误的是（　　　）。

（1）受害人有权提出请求，居民委员会、村民委员会以及所在单位应当予以劝阻、调解

（2）对正在实施的家庭暴力，受害人有权提出请求，居民委员会、村民委员会应当予以劝阻、制止

（3）受害人提出请求的，公安机关应当依照治安管理处罚的法律规定予以行政处罚

（4）对于已构成犯罪的家庭暴力行为，受害者可以依刑事诉讼法的有关规定，向人民法院自诉；公安机关应当依法侦查，人民检察院应当依法提起公诉

2. 梁某已八十多岁，老伴和子女都已过世，年老体弱，生活拮据，欲立一份遗赠扶养协议，死后将三间房屋送给在生活和经济上照顾自己的人。梁某的外孙子女、侄子、侄女及干儿子等都争着要做扶养人。这些人中谁不应作遗赠扶养协议的扶养人？（　　　）

（1）外孙子女

（2）侄子

（3）侄女

（4）干儿子

3. 下列哪些财产不属于夫妻一方的个人财产？（　　　）

（1）婚前个人财产在婚后经营取得的收益

（2）一方因身体受到伤害获得的医疗费、残疾人生活补助费

（3）遗嘱中确定只归夫或妻一方的财产

（4）赠与合同中确定只归夫或妻一方的财产

三、多项选择题（每小题的 4 个选项中至少有 2 项正确，请将正确选项的序号填在括号内）

1. 黄老太太有一子一女，儿子中年病故，留有一子，女儿早已出嫁。黄老太太的老伴去世后，儿媳一直照顾她。黄老太太去世后，留下存款 2 万元和房屋一间。黄老太太的女儿主张儿女两家平分上述财产，儿媳认为她对黄老太太尽了主要的赡养义务，应当多分。下列说法正确的是（　　　）。

（1）应由儿女两家平分遗产

（2）孙子有代位继承权

（3）媳妇应为第一顺序继承人

（4）媳妇与女儿、孙子各继承1/3

2. 甲是个体户，因经营不善，欠贷款 7000 元，病逝后，留下一些杂货和一间住房，价值约 5000 元。甲有一个儿子乙。下列哪些说法是错误的？（　　　）

（1）乙有权继承甲的遗产 5000 元，不承担偿还贷款 7000 元的义务

（2）乙可以放弃继承权，不承担偿还贷款 7000 元的义务

（3）乙应当继承甲的遗产 5000 元，并偿还贷款 7000 元

（4）乙有权继承甲的遗产 5000 元，但应偿还贷款 5000 元

第四章　农村生产经营纠纷调解

学习目标

通过本章的学习，你将能够：

1. 陈述种植、养殖、农民专业合作社和合同基本法律制度。

2. 描述种植经营、养殖经营、农民专业合作社内部管理和农业生产经营活动中纠纷的主要情形。

3. 运用种植、养殖、农民专业合作社和合同法律知识调解农村常见的生产经营纠纷。

第一节　农村种植经营纠纷的调解

案例导入

2012 年初，某村王某、李某等七户村民与承包户董某签订了购买红提葡萄苗的合同，共种植红提葡萄 50 亩。经过一年多的精心培育，2013 年，大部分红提葡萄已经结果，但有部分出现了不挂色、甜度不足的不正常现象。后承包户与董某协商，董某同意帮助七户村民嫁接红提葡萄。2014 年，种植的红提葡萄仍然没有起色，依旧是不挂色、甜度不足，而且产量低。随后，七户村民便开始找董某进行索赔。在索赔过程中，由于他们文化水平偏低，法律知识匮乏，不具备成功索赔的能力。所以，双方的谈判结果为：董某只答应对各户村民作出每亩100 元的赔偿。这与七户村民所受到的实际损失相差太远。村民满腔的怒火与委屈无从发泄，但又不知如何是好。最终，这几户村民选择了准备在 2015 年 1 月 8 日这一天集体到县政府上访的办法。司法所得到村委会报告后，感到问题严重，立刻组织人员赶赴现场，对上访农户进行劝阻，反复讲解法律、法规，对他们的情绪进行安抚，尽最大努力避免一场集体性越级上访事件的发生。

〔来源：湖南电大法学（农村法律事务方向）专业建设调研组〕

在农村种植经营中，因合同标的质量不符合约定而引发纠纷时有发生。调解此类纠纷的关键是要弄清标的质量是否合格。本案中，红提葡萄苗质量是否合格是争议的焦点，如果你是本案的调解员，你认为应当采用哪些调解方法？调解本案应以什么法律为依据？调解过程中要注意哪些事项？如果你不能回答以上问题，请学习本节的知识。

知识学习

一、种植经营基本法律制度

（一）种子经营法律制度

种子，是指农作物和林木的种植材料或者系列材料，包括籽粒、果实和根、茎、苗、芽、叶等。

1. 种子经营许可制度。种子经营许可证的申领条件：①具有与经营种子种类和数量相适应的资金及独立承担民事责任的能力；②具有能够正确识别所经营的种子、检验种子质量、掌握种子贮藏、保管技术的人员；③具有与经营种子的种类、数量相适应的营业场所及加工、包装、贮藏保管设施和检验种子质量的仪器设备；④法律、法规规定的其他条件。

种子经营许可证实行分级审批发放制度，由各级农业行政主管部门分别核发。

2. 种子经营者的责任。种子经营者应当向种子使用者提供种子的相关说明，并对种子质量负责；未经批准，不得收购珍贵树木种子和本级人民政府规定限制收购的林木种子；销售的种子应当加工、分级、包装；销售的种子应当附有标签，销售进口种子的，应当附有中文标签；种子广告的内容其主要性状描述应当与审定公告一致。

3. 禁止生产、经营假、劣种子。假、劣种子认定标准如下：

（1）假种子：以非种子冒充种子或者以此品种种子冒充其他品种种子；种子种类、品种、产地和标签标注的内容不符。

（2）劣种子：质量低于国家规定的用种标准；质量低于标签标注指标；因变质不能作种子使用；杂草种子比率超过规定；带有国家规定检疫对象的有害生物。

（二）农药经营法律制度

农药，是指用于预防、消灭危害农业、林业的病、虫、草和其他有害生物以及有目的地调解植物、昆虫生长的化学合成或者来源于生物，其他天然物质的一种物质或者几种物质的混合物及其制剂。

1. 农药使用的基本要求：①有计划地轮换使用农药，减缓抗药性，提高防治效果；②按照规定安全、合理地使用农药，防止污染农副产品；③蔬菜、瓜果、茶叶、中草药材和卫生害虫禁止使用剧毒、高毒农药。

2. 农药生产、经营、使用中的禁止情形：①任何单位和个人不得生产、经营、进口或者使用无证（无农药登记证或者农药临时登记证，无农药生产许可证或者农药生产批准文件）农药以及国家明令禁止生产或者撤销登记的农药；②禁止生产、经营和使用假农药，劣质农药；③禁止经营无标签或者标签残缺不清的农药；④未经登记的农药，禁止广告宣传；⑤禁止销售农药残留量超过标准的农副产品。

（三）农产品质量安全法律制度

农产品，是指来源于农业的初级产品，即在农业活动中获得的植物、动物、微生物及其产品。农产品质量安全，是指农产品质量符合保障人的健康、安全的要求。

1. 禁止销售的农产品情形：①含有国家禁止使用的农药、兽药或者其他化学物质的；②农药、兽药等化学物质残留或者含有的重金属等有毒有害物质不符合农产品质量安全标准的；③含有的致病性寄生虫、微生物或生物毒素不符合农产品质量安全标准的；④使用的保鲜剂、防腐剂、添加剂等材料不符合国家有关强制性的技术规范的；⑤其他不符合农产品质量安全标准的。

2. 外来物种管理。外来物种，是指在本省行政区域内无自然生长，来自境外、省外的动物、植物和微生物等物种。

外来物种管理坚持审慎引入，严密监控，防治结合，公众参与的原则。由县级以上人民政府农业行政主管部门对外来物种实施综合监督管理。

二、农村种植经营纠纷的主要情形

1. 种子经营引起的纠纷。种子经营中需要承担行政责任、违约责任和损害赔偿责任，而引起行政管理和民事赔偿纠纷。

2. 农药经营引起的纠纷。农药经营者违反农药质量与安全规定，生产、经营、销售农药，破坏生态环境，污染食品，或造成人们身体健康受到损害，需要承担行政责任、违约责任和损害赔偿责任，而引起行政管理和民事赔偿纠纷。

3. 农产品质量安全引起的纠纷。农产品生产经营者违反农产品质量安全规定，生产、经营、销售农产品，造成消费者身体健康受到损害，以及违反外来物种管理规定，引进物种，破坏生态环境，需要承担行政责任、违约责任和损害赔偿责任，而引起行政管理和民事赔偿纠纷。

三、调解农村种植经营纠纷应当注意的事项

1. 开展调解之前，要全面了解法律法规关于种植业的规定，如特许经营、种子经营与销售规定、农药生产与销售规定、农产品质量安全、外来物种的检疫等法律规定，对国家有关法律规定与要求要了然于心。

2. 要围绕种植经营者主体资格、种植经营纠纷的发生、纠纷事实（如发生事故的时间、地点、损害行为、损失程度等情况）、纠纷解决情况等方面开展调查、核实，注意收集与种植经营纠纷有关的证件和证书、登记表、合同文本、政府文件、批复、现场勘验笔录、调查记录等能够证明合同关系、侵权行为事实的证据材料，分析种植经营者行政责任和民事责任，然后制订可行的调解方案。

3. 对于情况复杂的种植经营纠纷，可以发挥"三调联动"机制的积极作用，广泛运用调解方法，妥善化解矛盾，使纠纷能得到多渠道解决。

4. 发现当事人申请调解的事项涉嫌犯罪，超出了人民调解的受案范围的，应当终止调解，向申请人作出说明，支持受害人向公安部门报案。

🔍 **案例简析**

导入案例是合同标的质量不符合约定引发的违约纠纷。

要正确调解本案纠纷，必须弄清红提葡萄苗质量是否合格。本案中，红提葡萄苗是否符合质量要求的问题，经提交专家分析，得出了"少量红提葡萄苗确实存在质量问题，并且这一质量问题是造成红提葡萄甜度不足、不挂色的主要原因"的结论。

依据《合同法》第 111 条的规定，质量不符合约定的，应当按照当事人的约定承担违约责任。对违约责任没有约定或者约定不明确，依照本法第 61 条的规定仍不能确定的，受损方根据标的的性质以及损失的大小，可以合理选择要求对方承担修理、更换、重作、退货、减少价款或者报酬等违约责任。本案中，根据专业人员作出的结论，董某提供的产品质量不符合约定的标准并造成了实际损失，因此应当承担违约责任并赔偿损失。

最终，双方于 2015 年 1 月 13 日自愿签订了调解协议，主要协议条款如下：①董某自愿赔偿各户村民每亩 500 元损失。②董某自愿返还各户购买红提葡萄苗的部分钱款。纠纷得到较好的解决。

第二节　农村养殖经营纠纷的调解

🔍 **案例导入**

龙岩漳平市的养殖户老杨，原本要给鸭子注射疫苗保平安，可不少鸭子"一命呜呼"了，这是咋回事？原来，日前，老杨到漳平市某兽药店买了几盒鸭苗疫苗。由于该店负责人李某粗枝大叶，错将其他的针剂当疫苗卖给了老杨，老杨一时也没留意疫苗的名称和剂量就拿回去了，并于当晚就给鸭苗一一注射了疫苗。到了第二天早上一看，300 只鸭苗只剩下 100 多只还"坚强"存活，死了近 200 只。于是，老杨向漳平市 12315 台投诉，请求处理。

（来源：东南网，作者：吴林增、林钦、陈梅莹）

在农村，兽药经营者或者种子经营者因工作不负责任或粗枝大叶，误将甲药当乙药，或将甲种子当乙种子出售给农户的情况时有发生。本案李某在工作中严重不负责任，错将一般的兽药作为鸭子疫苗出售。请问：如果你是本案的调解员，调解本案时，要了解哪些法律法规？要围绕哪些情况开展调查、核实？如何区分李某和杨某的责任？如果你不能回答以上问题，请学习本节的知识。

知识学习

一、养殖经营基本法律制度

（一）畜禽养殖经营法律制度

1. 种畜禽生产经营许可制度。种畜禽，是指种用的家畜家禽，包括家养的猪、牛、羊、马、驴、驼、兔、犬、鸡、鸭、鹅、鸽、鹌鹑等，及其卵、精液、胚胎等遗传材料。

种畜禽生产经营实行许可制度，从事种畜禽生产经营、生产商品代仔畜、雏禽的单位或者个人应当取得种畜禽生产经营许可证。

2. 畜禽养殖环境的保护。畜禽养殖场和养殖小区应当保证粪便、废水及其他固体废弃物无害化处理或者综合利用设施的正常运转、达标排放，防止污染环境。违法排放粪便、废水及其他固体废弃物，造成环境污染危害的，有责任排除危害，并对直接受到损失的单位或者个人进行赔偿。

3. 畜禽疫病的防治与补偿。畜禽养殖者应当依法做好畜禽疫病的防治工作，发生疫情后应当及时报告当地动物防疫监督机构，并采取措施防止疫情扩散；畜禽养殖者应当配合有关部门依法定期进行畜禽疫病监测和检查；对依法扑杀的畜禽，养殖者有权获得合理补偿。

4. 从事畜禽养殖的禁止行为。主要包括：①违反法律、行政法规和强制执行的技术规范的规定使用饲料、饲料添加剂、兽药；②使用危害人和畜禽健康的其他药物或者有毒、有害物质；③使用未经高温处理的泔水饲喂畜禽；④在垃圾场或者使用垃圾场中的物质饲养畜禽；⑤将原料药直接添加到饲料及动物饮用水中或者直接饲喂动物；⑥将人用药品用于动物；⑦销售含有违禁药物或者兽药残留量超过标准的食用动物产品。

（二）渔业经营法律制度

渔业，是指捕捞、养殖和加工水生经济动植物区的水产品的产业。渔业经营，是指利用水域以取得具有经济价值的鱼类或其他水生动植物的活动，包括水产养殖业和水产捕捞业。

1. 国家实行水产养殖许可制度和捕捞许可制度。经营者需要在规定水域从事养殖生产和捕捞的，必须申请养殖许可证和捕捞许可证，未依法取得养殖许可证和捕捞许可证，擅自在规定水域从事养殖生产和捕捞的，将承担相应的法律后果。

2. 水产苗种管理。国家鼓励和扶持水产优良品种的选育、培育和推广。

新品种的推广必须经全国水产原种和良种审定委员会审定，由国务院渔业行政主管部门公告后推广。

水产苗种的进口、出口，由省级政府渔业行政主管部门审批；实施强制检疫；引进转基因水产苗种必须进行安全性评价。

3. 水产养殖生产的要求与限制。

（1）从事水产养殖生产，不得使用含有害有毒物质的饵料、饲料。

（2）应保护水域生态环境，科学确定养殖密度、合理投饵、施肥、使用药物，不得造成水域的环境污染。

（3）按照水产养殖用药使用说明书的要求，或在水生生物病害防治员的指导下科学用药。

（4）禁止使用假、劣兽药及农业部规定禁止使用的药品、其他化合物和生物制剂；原料药不得直接用于水产养殖。

二、农村养殖经营纠纷的主要情形

农村畜禽养殖经营纠纷的主要情形有：

1. 承包经营畜禽、水产养殖引发的纠纷。其包括承包人与发包人之间的争议，以及承包人与养殖场地、水域周边的相邻关系处理不当引发的纠纷。

2. 污染引起的纠纷。其包括畜禽、水产养殖的粪便、污水造成污染引起的纠纷和畜禽养殖场地、水产养殖水域受到外来污染引发的纠纷。

3. 使用伪劣畜禽药物、鱼药与不合格饲料引发的纠纷。其包括使用伪劣畜禽药物、鱼药造成畜禽产品、水产品死亡和使用不合格饲料造成畜禽养殖、水产养殖减产引发的纠纷。

4. 因行政部门的原因引发的纠纷。其包括调整区域养殖布局、优化畜禽与水产养殖结构等而引发的补偿纠纷，畜牧业管理、渔政管理部门执行政策不利和管理不善引发的纠纷，养殖户因政府行为增加畜禽养殖、渔业成本或丧失赖以生存的基本条件引发的纠纷。

三、调解农村养殖经营纠纷应当注意的事项

1. 开展调解之前，要全面了解法律法规关于畜牧业和渔业经营管理的规定，如种畜禽生产经营许可，兽药经营、水产养殖与捕捞经营许可，水产种苗经营与销售规定，饲料管理规定，环境保护、水污染防治等法律规定，对国家有关法律规定与要求了然于心。

2. 要围绕养殖经营者主体资格、养殖经营纠纷的发生、纠纷事实（如养殖场所和水域受污染的时间、最初地点、损害行为、损失程度等情况）、纠纷解决情况等方面开展调查、核实，注意收集与养殖经营纠纷有关的证件和证书、登记表、合同文本、政府文件、批复、现场勘验笔录、调查记录等能够证明合同关系、侵权行为事实的证据材料，分析养殖经营者的行政责任和民事责任，然后制订可行的调解方案。

3. 对于情况复杂的养殖经营纠纷，可以发挥"三调联动"机制的积极作用，广泛运用调解方法，妥善化解矛盾，使纠纷能得到多渠道解决。

4. 发现当事人申请调解的事项涉嫌犯罪，超出了人民调解的受案范围的，应当终止调解，向申请人作出说明，支持受害人向公安部门报案。

🔧 案例简析

导入案例是一起因经营兽药不当造成损失引发的纠纷。

兽药经营者李某在工作中严重不负责任，错将一般的兽药作为鸭子疫苗，应对损失负有主要责任。购买者老杨也粗心大意，不看说明书，对于损害结果都负有一定的责任。

调解人员从实际出发，认真查明事实，指出当事人在交易中存在的不当和分

别应承担的责任，促成双方达成了调解协议，由兽药经营者李某赔偿老杨 3000 元损失，其余损失由老杨自行承担，纠纷得到圆满解决。

第三节　农民专业合作社内部管理纠纷的调解

🔵 案例导入

富汲村位于两县交界处的大山南侧，其中，村民一组和村民二组所在的八里沟是一个背山面水、风景秀丽的地方，虽地处偏僻，交通不太方便，但只要把乡村公路延伸到这里，就非常适合观光和休闲。村民何某生、丁某军、丁某林、周某力、周某、陈某生打工回乡，发起并组织论证，和居住在当地的两个村民小组的村民协商，达成一致后，准备设立富汲乡村旅游服务合作社，成员 60 个，其中以企业名义参加的成员 7 家，分别是何某生、周某力、周某、陈某生先后打工的企业。当一切准备就绪，决定召开设立大会之际，丁某军和丁某林提出，外面来的企业太多，怕以后控制不了局面，还是趁早退出算了，要么就请外来企业退出。27 位成员跟着他们两人起哄。何某生、周某力、周某、陈某生等 31 位成员表示坚决反对，因为没有企业投入资金就不能完成道路和有关设施的修建。两方争执不下，村委会出面协调无效，请乡人民调解委员会调解。

〔来源：湖南电大法律事务（农村法律服务方向）专业建设调研组〕

在建立农民专业合作社的过程中，必须确保社员的条件与结构符合《农民专业合作社法》的相关规定。如果你是调解员，你认为农民专业合作社社员中是否应该控制非本村村民的数量？关于本村村民和非本村村民的比例问题，法律究竟有没有一个明确规定？对于开办合作社资金筹集的问题，你有哪些良好的建议提供给合作社的筹办人？如果你不能回答以上问题，请学习本节的知识。

🔵 知识学习

一、农民专业合作社基本法律制度

农民专业合作社，是指在农村家庭承包经营基础上，同类农产品的生产经营者或者同类农业生产经营服务的提供者、利用者，自愿联合、民主管理的互助性经济组织。在性质上属于企业法人。

农民专业合作社是我国当前数量最多、对农业生产与经营影响最广泛的一种农村经济组织。

（一）农民专业合作社的设立和登记

1. 设立农民专业合作社的条件：

（1）有5名以上符合法律规定的成员。

（2）有符合法律规定的章程。

（3）有符合法律法规规定的组织机构。

（4）有符合法律、行政法规规定的名称和章程确定的住所。

（5）有符合章程规定的成员出资。

2. 农民专业合作社的设立登记。

（1）设立农民专业合作社，应当召开由全体设立人参加的设立大会。设立时自愿成为该社成员的人为设立人。

（2）设立农民专业合作社，应当按照企业登记"五证合一"的操作办法，向工商行政管理部门提交申请设立登记的文件。办理登记的机关不得收取费用。

（二）农民专业合作社的财产和债务承担

1. 农民专业合作社的财产。由成员出资、公积金、国家财政直接补助、他人捐赠以及合法取得的其他资产所形成。

2. 农民专业合作社以自己的财产对债务承担责任。

（二）农民专业合作社的成员

1. 成为农民专业合作社成员的条件：

（1）具有民事行为能力的公民，以及从事与农民专业合作社业务直接有关的生产经营活动的企业、事业单位或者社会团体。

（2）能够利用农民专业合作社提供的服务。

（3）承认并遵守农民专业合作社章程。

（4）履行章程规定的入社手续。

2. 农民专业合作社的成员结构与身份限制。

（1）农民专业合作社的成员中，农民至少应当占成员总数的80%。

（2）成员总数20人以下的，可以有一个企业、事业单位或者社会团体成员；成员总数超过20人的，企业、事业单位和社会团体成员不得超过成员总数的5%。

（3）具有管理公共事务职能的单位不得加入农民专业合作社。

3. 农民专业合作社成员账户。农民专业合作社为每个成员设立成员账户，主要记载下列内容：该成员的出资额；量化为该成员的公积金份额；该成员与本社的交易量（额）。

农民专业合作社成员以其账户内记载的出资额和公积金份额为限对农民专业合作社承担责任。

4. 农民专业合作社成员退社。

（1）提出退社的时间。成员要求退社的，应当在财务年度终了的3个月前向理事长或者理事会提出；其中，企业、事业单位或者社会团体成员退社，应当在财务年度终了的6个月前提出；章程另有规定的，从其规定。退社成员的成员资格自财务年度终了时终止。

（2）已订合同的履行。成员在其资格终止前与农民专业合作社已订立的合同，应当继续履行；章程另有规定或者与本社另有约定的除外。

（3）财产取回。成员资格终止的，农民专业合作社应当按照章程规定的方式和期限，退还记载在该成员账户内的出资额和公积金份额；对成员资格终止前的可分配盈余，依法向其返还。

（4）亏损与债务分摊。资格终止的成员应当按照章程的规定，分摊资格终止前本社的亏损及债务。

（四）农民专业合作社内部管理

1. 权力机构。农民专业合作社成员大会由全体成员组成，是本社的权力机构，行使下列职权：①修改章程；②选举和罢免理事长、理事、执行监事或者监事会成员；③决定重大财产处置、对外投资、对外担保和生产经营活动中的其他重大事项；④批准年度业务报告、盈余分配方案、亏损处理方案；⑤对合并、分立、解散、清算作出决议；⑥决定聘用经营管理人员和专业技术人员的数量、资格和任期；⑦听取理事长或者理事会关于成员变动情况的报告；⑧章程规定的其他职权。

2. 高级管理岗位设置。农民专业合作社设理事长 1 名，为本社的法定代表人；可以设执行监事或者监事会。经理按照章程的规定和理事长或者理事会授权，负责具体生产经营活动。

3. 理事长、理事、经理和财务会计人员的产生与聘任。

（1）理事长、理事、执行监事或者监事会成员。由成员大会从本社成员中选举产生，依照《农民专业合作社法》和本社章程的规定行使职权，对成员大会负责。

（2）经理和财务会计人员。农民专业合作社的理事长或者理事会可以按照成员大会的决定聘任经理和财务会计人员，理事长或者理事可以兼任经理。经理按照章程的规定或者理事会的决定，可以聘任其他人员。

理事长、理事、经理和财务会计人员不得兼任监事。

4. 会议制度。农民专业合作社召开成员大会，出席人数应当达到成员总数 2/3 以上。成员大会选举或者作出决议，应当由本社成员表决权总数过半数通过；作出修改章程或者合并、分立、解散的决议应当由本社成员表决权总数的 2/3 以上通过。章程对表决权数有较高规定的，从其规定。

农民专业合作社成员大会选举和表决，理事会会议、监事会会议的表决，实行一人一票制。

农民专业合作社的成员大会、理事会、监事会，应当将所议事项的决定作成会议记录，出席会议的成员、理事、监事应当在会议记录上签名。

5. 理事长、理事和管理人员不得实施的行为及责任，包括以下几点：①侵占、挪用或者私分本社资产；②违反章程规定或者未经成员大会同意，将本社资金借贷给他人或者以本社资产为他人提供担保；③接受他人与本社交易的佣金并归为已有；④从事损害本社经济利益的其他活动。

违反上述规定所得的收入，应当归本社所有；给本社造成损失的，应当承担赔偿责任。

二、农民专业合作社内部管理纠纷的主要情形

农民专业合作社作为一类新型的市场主体，涉及农户与非农户的关系、土地承包关系、内部管理关系、对外合同关系，以及政府对农产品质量安全的监管等关系，所牵涉的范围、人数等方面远远高于其他市场主体。由于运营经验、法律意识、利益诉求等方面的差异，成员之间在内部管理方面产生争执、纠纷不可避免。归纳起来，农民专业合作社内部管理纠纷主要有以下情形：

1. 设立纠纷。主要是因出资、成员吸收、章程制定、开办资金筹集等发生的纠纷。

2. 成员身份纠纷。主要是成员资格确认纠纷，退社纠纷。

3. 内部交易纠纷。主要有成员与所在合作社之间的交易纠纷，成员与成员之间的交易纠纷。

4. 权利争议纠纷。主要是因控制权、表决权、选举权、罢免权、监督权、分配权等权利的行使引发的纠纷，管理人员滥用权力引发的纠纷。

5. 责任承担方面的纠纷。主要有擅自经营、擅自外卖外买的交易、不服从管理等涉及责任义务承担的事项引发的纠纷。

6. 利益分配与财产取回纠纷。主要有因分红不均引发的纠纷，因报酬福利引起的劳动纠纷；合作社终止、成员退社引起的财产取回分配纠纷。

7. 对外产生的纠纷。主要有与村委会、与相近的其他合作社之间因关系协调产生的纠纷，与成员家庭的其他成员以及利害关系人之间产生的纠纷。

三、调解农民专业合作社内部管理纠纷应当注意的事项

1. 注意区分农民专业合作社成员与聘用人员。二者在平时的生产劳动中似乎没有多大区别，但是，他们进入合作社的条件、方式与权利义务等方面存在很大的差异。在权利义务上不能等同对待。

2. 注意区分合作社内部交易与对外交易。内部交易，是指成员与所在合作社以及成员与成员之间的交易。合作社以内部交易为主，这是一种独特现象。其他企业很少内部交易，公司禁止内部交易。对于内部交易纠纷，要按照合作社章程的规定处理；对于非成员的外部交易纠纷，按一般合同纠纷处理。

3. 注意合作社特殊的分红方式。合作社分红不以出资为依据，只要是成员就按交易量（额）分配，当场结算；年终分红时，所有成员平均分配。与公司、合伙企业等实体以出资为依据的分红办法存在很大差异。

4. 成员退社时取回入社资产，以及不涉及国家补助形成的固定资产；破产财产清偿时，成员享有优先取回权，即对于成员与合作社已经交易但未结清的款项优先清偿。非农民成员按一般债权处理。这与合同法意义上的风险承担原则明显不同。

5. 调解成员与成员之间、成员与合作社之间的纠纷时，要始终注意维护农民专业合作社的正常生产经营活动，尽力促使各方互让互谅，妥善解决矛盾，避免因纠纷导致合作社瘫痪、解散、终止。

案例简析

导入案例是一起农民专业合作社设立纠纷。

调解人员全面了解情况后，找到了问题的症结，既有企业成员数量超过法定比例的问题，又存在建设资金不够的问题。于是，调解人员制定调解方案，有针对性地开展调解：一方面帮助合作社争取国家财政直接补助，联系贷款，动员成员增加出资金额，以确保合作社筹集到足够的建设资金；另一方面，召集 7 家外来企业协商，动员部分企业退出，使企业成员不超过法定的比例。最后，4 家企业同意退出，丁某军和丁某林等 27 位成员表示继续留下，共同创业。富沩乡村旅游服务合作社得以顺利设立，目前运行情况良好。

本案的成功调解，给我们带来以下启示：

1. 高度重视并帮助解决合作社建设资金不够的问题。本案调解人员发现合作社建设资金不够的问题后，制定调解方案，有针对性地开展调解，积极帮助合作社争取国家财政直接补助，联系贷款，动员成员增加出资金额，保证了合作社筹集到足够的建设资金，使纠纷得解决有了坚实的基础。

2. 农民专业合作社的成员身份结构有法定比例，调解方案必须遵循相关法律规定。本案调解人员发现企业成员数量超过法定比例问题，便召集 7 家外来企业协商，动员部分企业退出，使企业成员不超过法定的比例。最后，4 家企业同意退出，丁某军和丁某林等 27 位成员表示继续留下，共同创业。取得了皆大欢喜的效果。

第四节　农业生产经营活动中的合同纠纷调解

案例导入

村民张某、王某二人各出资人民币 4 万元，于 2009 年 3 月购得二手农用车一辆，共同从事短途运输业务。同年 11 月，张某以人民币 9 万元将车卖给李某，并办理过户手续，事后，张某把卖车一事告知王某，并分给王某 4.5 万元。同年 12 月，李某又将此车以人民币 10 万元卖给赵某。但二人在合同中约定，赵某须将此车返租给李某使用，租期为 1 年，租金为人民币 1.2 万元。二人签订合同后，到有关部门办理了过户手续。2010 年 6 月，赵某以人民币 11 万元的价格将此车又卖给钱某。12 月，赵某以租期届满为由，要求李某还车，李某得知赵某把车卖给钱某，便拒绝归还，并要求以人民币 10 万元再买回此车。赵某予以拒绝，引发纠纷。

（来源：刘建宏：《农村常见法律纠纷处理实务》）

上述案例中存在多个合同关系，看似复杂。三次买卖行为中，有争议的是第三次买卖。假如你是调解员，你认为应如何看待第三次买卖的效力？李某的要求有没有法律依据和合同依据？赵某应如何行使权利？如果你不能回答以上问题，请学习本节的知识。

知识学习

一、合同基本法律制度

我国《合同法》第 2 条第 1 款规定："本法所称合同是平等主体的自然人、法人、其他组织之间设立、变更、终止民事权利义务关系的协议。"实践中，经常出现的"契约""合约""协议"，意思和"合同"相同。

（一）合同的订立

订立合同要经过要约和承诺两个阶段。订立合同可以采取书面、口头、数据电文及其他恰当的形式。为了减少合同风险，当事人可以对合同约定担保。

（二）合同的效力

已经成立的合同在当事人之间产生的法律约束力，称为合同的效力。一般情况下，依法成立的合同，自成立时生效。但是，合同成立以后，可能出现需要办理登记等手续、合同效力待定、被撤销、被变更和被确认无效等情况，而不能生效。

（三）合同的履行

合同的履行，是指合同当事人在合同生效后，按照合同的约定，全面履行各自所承担义务的行为。履行合同时，还需要根据合同的特点和具体情况履行协助、通知、保密等附随义务。双务合同的履行中，根据合同履行时间的不同约定，当事人可以行使同时履行抗辩权、先履行抗辩权和不安抗辩权，以避免合同履行的风险。

（四）违约责任

如果当事人不履行合同义务，则会产生相应的违约责任。承担违约责任的形式有继续履行、采取补救措施或者支付违约金、赔偿损失、适用定金罚则等。因不可抗力不能履行合同的，根据影响的程度，部分或全部免除责任。不可抗力，是指不能预见、不能避免和不能克服的客观情况。

二、农业生产经营活动中的合同纠纷的主要情形

合同纠纷，是指当事人之间由于合同履行、转让、变更、终止及违约责任追究等发生的纠纷。在农业生产经营活动中，常见的合同纠纷主要有以下情形：

1. 买卖合同纠纷。主要有农副产品买卖合同纠纷和工矿产品买卖合同纠纷中的农机买卖、农具买卖、农资买卖、牲口家禽买卖、日用工业品买卖合同纠纷等。

2. 民间借款合同纠纷。主要有利息纠纷、还款迟延纠纷、担保纠纷等情形。

3. 租赁合同纠纷。主要有农业机械、农业生产工具、牲口等动产租赁合同纠纷，以及住宅、经营门面、农村建设用地、养猪场、菜地、林地等不动产租赁合同纠纷。

4. 加工合同纠纷。主要有农副产品、服装、竹木家具加工合同纠纷。

5. 劳务合同纠纷。主要有生产、交换过程提供劳务发生的纠纷，如在农忙季节为农户收割、脱粒、耕田、插秧，为修建房屋的村民砌墙、挑土、运砖、盖瓦等，因酬金支付发生纠纷等。

6. 土地承包合同纠纷。主要有家庭联产承包合同纠纷、林地承包合同纠纷、荒地承包合同纠纷、滩涂承包合同纠纷等。

三、调解农业生产经营活动中的合同纠纷应当注意的事项

1. 注意维护合同关系，不轻易认定合同无效，即使是口头合同，或者以约定俗成方式形成的合同关系，只要能够证实，都应当认定有效，促使各方诚信履约。

2. 调解农村买卖合同纠纷，要注意妥善处理鲜活产品。如果标的物是鲜活产品，或者具有季节性和很短的保质期，或者标的物保管难度很大，而存在灭失风险等，根据附随义务原则，各方均有责任避免损失进一步扩大。在各方暂时无法就整个纠纷达成调解协议的情况下，要果断提出处理鲜活产品的可行方案，避免损失扩大。

3. 对于违反法律或行政法规的民间借款合同，应按无效合同进行调解。

（1）贷款人明知借款人是为了进行非法活动而借款，如明知借款用于生产、销售有毒有害食品，仍借款给不法行为人，等于是帮助违法犯罪行为，其借贷合同不受法律保护。

（2）基于非法吸收公众存款、非法集资、非法放贷等非法金融活动，所订立的借款合同不受法律保护，犯罪涉及的财产由司法机关追回，返还给受害人。

（3）借款合同约定年利率超过36%的部分，不受法律保护；年利率在24%～36%之间的部分，在纠纷发生时，已经履行的不能要求返还，未履行的不能要求强制履行；年利率不超过24%的部分，法律强制保护。

4. 调解租赁合同纠纷，应当注意三方面：

（1）调解因转租引起的合同纠纷，要查明原租赁合同是否明确约定允许承租人转租门面、农机或设施，要注意转租合同约定的承租人的权利与期限不得超过原租赁合同约定的承租人的权利与合同期限。

（2）调解租赁物被损坏引起的合同纠纷，要根据使用情况和损坏的原因分析、明确责任。承租人按照约定的方法或者租赁物的性质使用租赁物，致使租赁物受到正常损耗的，不承担损害赔偿责任。如果承租人未按照约定的方法或者租赁物的性质使用租赁物，致使租赁物受到损失的，承租人应当承担违约责任，例如，承租人用耕地的拖拉机运送旅客获利，导致交通事故，承租人应当承担全部责任。

（3）出租人出卖租赁物时，承租人在同等条件下享有优先购买权。

5. 加工合同履行中，承揽人未经定作人同意，不得将加工任务转让给第三人。除当事人另有约定的以外，承揽人应当以自己的设备、技术和劳力，完成主要工作。未经定作人同意，承揽人不得将其接受的主要工作交由第三人完成。经定作人同意，承揽人可将其接受的任务转让给他人，条件是：若该第三人的行为造成加工行为无法按合同完成时，承揽人仍需对定作人负责；承揽人转让加工任务时，不得获利。

6. 调解劳务合同纠纷，要准确区分劳动合同与劳务合同。

（1）劳动合同的当事人之间存在行政隶属关系，劳务合同的当事人之间地位平等，不存在行政隶属关系。

（2）劳动合同中，劳动者除获得工资报酬外，还有"五险一金"、带薪休假等福利待遇，劳务合同中受雇人一般只获得劳务报酬。

（3）劳动合同的用人单位必须为劳动者交纳"五险一金"，支付劳动者的工资不得低于政府规定的当地最低工资标准等，劳务合同的雇主没有以上义务。

（4）劳动合同纠纷适用《劳动法》和《劳动合同法》解决，劳动仲裁是前置程序，劳务合同纠纷依照《合同法》和《民法总则》解决，可以直接向法院提起诉讼。

7. 调解农村土地承包经营纠纷，要严格按照农村土地"三权分置"的政策进行，集体土地所有权不允许买卖，承包权的流转受身份的限制，经营权的流转则可以按规定的范围与方式进行。

案例简析

导入案例是一起因买卖合同和租赁合同引发的纠纷。

调解农业生产经营活动中产生的合同纠纷，首先要分析合同的类型、效力，其次，要根据相应合同法律制度，判断纠纷当事人诉求的合法性与合理性。在此基础上制定调解方案，开展调解活动。

本案中，短短两年内，一辆用于运输农业生产资料和农副产品的农用车先后被买卖 3 次，租赁 1 次。其中，前两次买卖和 1 次租赁显然是合法有效的合同行为。有争议的是第三次买卖。在李某租赁农用车期间，赵某以人民币 11 万元的价格将此车卖给钱某，而没有事先通知李某，似乎侵犯了李某的承租人优先购买权。但是，承租人行使优先购买权的前提是"在同等条件下"，李某要求以 10 万元的价格买回此车，比钱某少 1 万元，因此，不是"在同等条件下"，第三次买卖虽然有瑕疵，但仍然合法有效。李某的要求没有法律依据和合同依据，赵某有权拒绝。

基于以上分析，调解人员依法向李某作出说明，耐心劝说，终于使李某认识到自己的要求无理，将农用车交还给赵某，纠纷得到圆满解决。

本章考核重点

种子、农药经营基本法律制度；农产品质量安全制度；种畜禽经营基本法律制度，调解种植经营纠纷的注意事项；渔业经营基本法律制度；农民专业合作社内部管理制度；农业生产经营活动中的主要合同纠纷；调解农业生产经营合同纠纷的注意事项。

练习题

一、判断题（判断下列说法是否正确。若正确在括号内画√，否则画×）

1. 销售的种子应当加工、分级、包装，可以不附标签。（　　　）

2. 渔业经营，是指利用水域以取得具有经济价值的鱼类或其他水生动植物的活动，包括水产养殖业和水产捕捞业。（　　　）

3. 实践中，经常出现的"契约""合约""协议"，意思和"合同"相同。

4. 因不可抗力不能履行合同的，根据影响的程度，部分或全部免除责任。（　　　）

5. 农民专业合作社成员以其账户内记载的出资额和公积金份额为限对农民专业合作社承担责任。（　　　）

二、单项选择题（每小题的 4 个选项中有 1 项正确，请将正确选项的序号填在括号内）

1. 农业生产中，应按照规定安全、合理地使用农药，蔬菜、瓜果、茶叶、中草药材和卫生害虫拒绝使用（　　）农药。

（1）进口　　　　　　　　　　（2）国产

（3）任何　　　　　　　　　　（4）剧毒、高毒

2. 租赁拖拉机耕地合同签订后，承租人顺便用拖拉机运送旅客获利，导致交通事故，（　　）应当承担全部责任。

（1）出租人　　　　　　　　　（2）生产商

（3）承租人　　　　　　　　　（4）乘客

3. （　　）不属于农民专业合作社的理事长、理事和管理人员损害合作社利益的行为。

（1）侵占、挪用或者私分本社资产

（2）在合作社与个别成员之间发生纠纷时，维护成员利益

（3）接受他人与本社交易的佣金归为己有

（4）从事损害本社经济利益的其他活动

三、多项选择题（每小题的 4 个选项中至少有 2 项正确，请将正确选项的序号填在括号内）

1. 从事畜禽养殖的禁止行为包括（　　）。

（1）违反法律、法规和强制执行的技术规范使用饲料、饲料添加剂、兽药

（2）使用危害人和畜禽健康的其他药物或者有毒、有害物质

（3）使用未经高温处理的泔水饲喂畜禽

（4）在垃圾场或者使用垃圾场中的物质饲养畜禽

2. 农民专业合作社的财产由（　　）等财产形成，合作社享有占有、使用和处分权。

（1）成员的家庭财产

（2）成员出资

（3）公积金

（4）国家财政直接补助

第五章　农村侵权纠纷调解

通过本章的学习，你将能够：

1. 复述人身、一般人格、道路交通、医疗损害等侵权纠纷处理的基本法律制度。

2. 描述农村常见的人身、一般人格、道路交通、医疗损害侵权纠纷的情形。

3. 运用人身、一般人格、道路交通、医疗损害等侵权纠纷处理的法律知识调解农村常见的侵权纠纷。

第一节　农村人身损害赔偿纠纷的调解

案例导入

2015 年 7 月 15 日下午，家住农村某安置区 2 栋 202 室的李某、朱某夫妇下楼时正遇到物业保洁员闫某、苏某夫妇清理垃圾桶内的垃圾，其时正值酷暑，垃圾桶发出恶臭，而李某夫妇家住 2 楼，平时多受影响，心中不免有怨气。李某夫妇上前提醒闫某夫妇合并垃圾时注意，不要把垃圾洒落在地上。双方由于话不投机发生口角，继而发生肢体冲突，致使李某胸部软组织损伤，闫某头部外伤，软组织损伤，苏某软组织损伤。其中闫某因推搡时摔倒造成尾椎骨挫伤，需要在家卧床。

当地民警第一时间和村委会取得联系，详细了解了事件的起因经过。而李某、朱某夫妇已经意识到因自己一时冲动导致的严重后果，希望能够通过人民调解的方式解决双方的纠纷。

〔来源：湖南电大法学（农村法律事务方向）专业建设调研组〕

轻微伤害案件可以选择诉讼或调解方式解决。本案当事人选择了调解的方式。假如你是本案的调解员，你认为调解在本案处理中的优势表现在哪些方面？如果受害人坚持要"法庭上见"，对方表示"奉陪到底"，你将做哪些说服工作，引导当事人理性地处理纠纷？如果你不能回答以上问题，请学习本节的知识。

知识学习

一、人身损害赔偿基本法律制度

人身损害赔偿，是指自然人的生命、健康、身体遭受他人侵害，造成伤害、残疾、死亡或精神损害，要求行为人或者赔偿义务人以财产进行赔偿的一种侵权法律制度。

广义上的人身损害赔偿，是指各类人身损害赔偿，包括侵权行为造成财产权、知识产权和一般人格权损害的同时所造成的人身损害的赔偿，如交通事故、环境污染造成的人身损害赔偿就属于这种情形。狭义上的人身损害赔偿，是指侵权行为只造成人身损害的赔偿。本节主要介绍狭义上的人身损害赔偿。

（一）人身损害赔偿的主体

人身损害赔偿的主体包括赔偿权利人和赔偿义务人。

赔偿权利人，是指因侵权行为或者其他致害原因直接遭受人身损害的受害人、依法由受害人承担扶养义务的被扶养人以及死亡受害人的近亲属。

赔偿义务人，是指因自己或者他人的侵权行为以及其他致害原因依法应当承担民事责任的自然人、法人或者其他组织。

（二）人身损害赔偿责任的构成要件

1. 伤害行为。其包括实施伤害他人人身的行为和不履行法定义务而造成他人人身损害的不作为行为。

2. 损害事实。其是指人身侵权行为导致受害人受到损害的客观事实。

3. 因果关系。侵害行为和损害结果之间存在因果关系。

4. 主观过错。一般侵权行为必须在主观上存在故意或过失，特殊侵权行为不要求有明显过错，而表现为过错推定或未履行法定义务的严格责任。

（三）人身损害赔偿项目

1. 医疗费。根据医疗机构出具的医药费、住院费等收款凭证，结合病历和诊断证明等相关证据确定。根据医疗证明或者鉴定结论确定必然发生的费用，可以与已经发生的医疗费一并赔偿。赔偿义务人对治疗的必要性和合理性有异议的，应当承担相应的举证责任。

2. 误工费。受害人误工时间根据医疗机构出具的证明确定。因伤致残持续误工的，误工时间计算至定残日前一天。

误工费根据受害人的误工时间和收入状况确定。受害人有固定收入的，按照实际减少的收入计算；受害人无固定收入的，按照其最近3年的平均收入计算；受害人不能举证证明其最近3年的平均收入状况的，可以参照当地相同行业上一年度农民的平均收入计算。

3. 住院伙食补助费。参照当地国家机关一般工作人员的出差伙食补助标准确定。

4. 护理费。受害人受伤后的生活自理能力，以法医的鉴定或者治疗医院出具的证明认定。生活不能自理的，护理费应予赔偿。护理费根据护理人员的收入状况和护理人数、护理期限确定。护理人员有收入的，参照误工费的规定计算；护理人员没有收入或者雇佣护工的，参照当地护工从事同等级别护理的劳务报酬标准计算。

护理期限可以委托法医鉴定，也可以根据受害人的实际损害程度、恢复状况并征求治疗医院的意见后确定。护理期限应计算至受害人恢复生活自理能力时止。受害人因残疾不能恢复生活自理能力的，可以根据其年龄、健康状况等因素确定合理的护理期限，但最长不超过20年。

5. 交通费。受害人到所在地医院治疗或者必须转院治疗的，其本人和必要的护理人员的交通费应予赔偿。交通费以公共电（汽）车、火车硬座、轮船三等以下舱位等的收费标准计算。但伤情危急，交通不便或当地无上述车船的除外。交通费根据受害人及其必要的陪护人员因就医或者转院治疗实际发生的费用计算，以正式票据为凭。

6. 住宿费。受害人因医院无床位或其他原因的限制确需候诊且伤情不允许往返家中，或者往返家中的交通费高于住宿费的，其本人和必要的护理人员的住宿费应予赔偿，按照当地国家机关一般工作人员的出差住宿标准计算，以住宿费的收据为凭。

7. 营养费。经法医鉴定或治疗医院证明，受害人确需补充营养食品作为辅助治疗的，其费用可以酌情赔偿。

8. 残疾赔偿金。受害人因伤致残丧失全部或部分劳动能力的，残疾赔偿金根据受害人丧失劳动能力程度或者伤残等级，按照当地农村居民上一年度人均纯收入标准，自定残之日起按20年计算。但60周岁以上的，年龄每增加1岁减少1年；75周岁以上的，按5年计算。

9. 残疾用具费。因残疾需要配制补偿功能的器具的，应当根据治疗医院的证明或法医意见，结合使用者的年龄、我国人口平均寿命、器具使用年限等因素，按照普及型器具的费用计算赔偿数额。残疾辅助器具费按照普通适用器具的合理费用标准计算。伤情有特殊需要的，可以参照辅助器具配制机构的意见确定相应的合理费用标准。

10. 丧葬费。其包括运尸、火化、普通骨灰盒和一期骨灰存放等费用。金额为当地上一年度社会平均工资×6个月。

11. 死亡赔偿金。因侵权致人死亡的，应当支付死者家属一定数额的死亡赔偿金，金额为当地农村居民上年度人均纯收入×20年。

12. 生活费。依法应当由受害人抚养的人，在受害人死亡或丧失劳动能力后丧失了生活来源，其必要生活费根据扶养人丧失劳动能力程度，按照当地农村居民上一年度人均年生活消费支出标准计算。被扶养人为未成年人的，计算至18周岁；被扶养人无劳动能力又无其他生活来源的，计算20年。但60周岁以上的，年龄每增加1岁减少1年；75周岁以上的，按5年计算。

13. 精神损害抚慰金。是因侵害人的侵权行为给受害人造成肉体痛苦或身体伤残、死亡的同时，给受害人或受害人的近亲属造成精神痛苦和创伤的一种经济补偿方式。根据侵权人的过错程度和侵害的手段、场合、行为方式等具体情节确定。

（四）对定期金支付方式的限制与要求

赔偿义务人请求以定期金方式给付残疾赔偿金、被扶养人生活费、残疾辅助器具费的，应当提供相应的担保。可以根据赔偿义务人的给付能力和提供担保的情况，确定以定期金方式给付相关费用。在调解协议中，应当明确定期金的给付时间、方式以及每期给付标准。

已经发生的费用、死亡赔偿金以及精神损害抚慰金，应当一次性给付，不得以定期金方式给付。

二、农村人身损害赔偿纠纷的主要情形

（一）一般人身侵权损害赔偿纠纷

一般人身侵权损害赔偿纠纷，是指行为人侵害他人人身权并造成损害，发生的人身损害赔偿纠纷。农村一般人身侵权损害赔偿纠纷主要有以下情形：

1. 因打架斗殴发生的人身损害赔偿纠纷。

2. 抛掷物致人损害发生的人身损害赔偿纠纷。

3. 防卫过当发生的人身损害赔偿纠纷。

4. 见义勇为发生的人身损害赔偿纠纷。

5. 义务帮工发生的人身损害赔偿纠纷。

（二）特殊人身侵权损害赔偿纠纷

特殊人身侵权损害赔偿纠纷，是指由法律直接规定，适用民法上特别责任条款的致人损害行为引起的损害赔偿纠纷。农村特殊人身侵权损害赔偿纠纷主要有以下情形：

1. 高度危险作业致人损害的人身损害赔偿纠纷。

2. 饲养动物致人损害赔偿的人身损害赔偿纠纷。

3. 悬挂物塌落损害赔偿的人身损害赔偿纠纷。

4. 堆放物品倒塌损害赔偿的人身损害赔偿纠纷。

5. 对儿童未尽安全保障义务发生的人身损害赔偿纠纷。

三、调解人身损害赔偿纠纷应当注意的事项

（一）注意引导当事人理性地处理纠纷

在处理人身损害赔偿纠纷的过程中，受害人一方往往会表现出情绪化，容易形成对立的局面，一方要"法庭上见"，对方表示"奉陪到底"。对此，调解人员可以采用"背靠背"调解方法，引导当事人理性地看待纠纷处理成本，指出一旦提起诉讼，将产生诉讼费、律师费、交通费等费用和时间上的耽误等，对双方都没有好处，促使当事人以务实的态度坐下来协商，争取达成调解协议。

（二）妥善处理因混合过错造成人身损害的责任承担问题

在打架斗殴纠纷中，往往双方都有过错，即存在混合过错。调解时要注意妥善处理责任承担问题。受害人对同一损害的发生或者扩大有故意、过失的，可以减轻或者免除赔偿义务人的赔偿责任。受害人有重大过失的，可以减轻赔偿义务人的赔偿责任。但侵权人因故意或者重大过失致人损害，受害人只有一般过失的，不减轻赔偿义务人的赔偿责任。

（三）根据不同情形，确定无偿帮工活动中的人身损害赔偿责任

为他人无偿提供劳务的帮工人，在从事帮工活动中致人损害的，被帮工人应当承担赔偿责任。被帮工人明确拒绝帮工的，不承担赔偿责任。帮工人存在故意或者重大过失，赔偿权利人请求帮工人和被帮工人承担连带责任的，应予支持。

帮工人因无偿帮工活动遭受人身损害的，被帮工人应当承担赔偿责任。被帮工人明确拒绝帮工的，不承担赔偿责任；但可以在受益范围内予以适当补偿。帮工人因第三人侵权遭受人身损害的，由第三人承担赔偿责任。第三人不能确定或者没有赔偿能力的，可以由被帮工人予以适当补偿。

（四）调解因见义勇为发生的人身损害赔偿纠纷时，应当保护见义勇为者的利益

为维护国家、集体或者他人的合法权益而使自己受到人身损害，由侵权人承担民事责任。因没有侵权人、不能确定侵权人或者侵权人没有赔偿能力，赔偿权利人请求受益人在受益范围内予以适当补偿的，调解人员应予支持。

（五）对未成年人未尽安全保障义务发生的人身损害，应由教育机构承担相应的赔偿责任

对未成年人依法负有教育、管理、保护义务的学校、幼儿园或者托管机构，未尽职责范围内的相关义务致使未成年人遭受人身损害，或者未成年人致他人人身损害的，应当承担与其过错相应的赔偿责任。第三人侵权致未成年人遭受人身损害的，应当承担赔偿责任；学校、幼儿园等教育机构有过错的，应当承担相应的补充赔偿责任。

案例简析

导入案例是一起人身损害赔偿纠纷。

调委会了解情况后，考虑到闫某夫妇拒绝调解，所以需要先做通闫某的工作，于是制订了初步调解方案。村调委会首先找到了物业经理，希望他能一起配合调解，在得到了物业高经理的同意后，村调委会和物业经理一起上门慰问此时正躺在床上修养的闫某。在和闫某的交谈中，调委会发现他也意识到这次冲突如果当时双方都能冷静一些，是完全可以避免的。但此时他的情绪还比较激动，不便立刻提出调解协议。紧接着，调委会联系到平时和闫某一家来往密切的保洁队长李某，让他去做闫某夫妇的工作，让双方当事人互相体谅对方，尽量将大事化小，和睦相处。过后，闫某夫妇的态度开始软化，表示愿意接受调委会的调解。趁热打铁，调解员带着李某夫妇上门看望闫某，向闫某夫妇致歉，并取得了他们的谅解，双方在调委会、物业以及保洁队长多方参与协调下，自愿达成协议：李某、朱某一次性赔偿闫某、苏某因伤造成的医药费等各项经济损失 6000 元；李某、朱某自理因伤造成的各项医疗等经济损失；经济赔偿履行后，闫某、苏某自愿放弃追究李某、朱某的任何责任。

本案调解的成功，是多方合作，认真部署，逐步推进的结果。村调委会受理案件后，立即制订了初步的调解方案，并步步推进，一步步软化当事人闫某的强硬态度：利用物业经理的特殊身份与影响力，上门慰问，缓和气氛；通过当事人好友的耐心劝说，改变其认识；再由一方当事人亲自上门致歉，解开受害人开最后的心结，终于达成调解协议。

第二节　农村一般人格权损害纠纷的调解

案例导入

少女小李某日前往自己家附近新开的一家小超市购物，在浏览了一番货物后，没有发现自己喜欢的商品，就准备离开，谁知经过出口时，商场的盗窃警示器突然长鸣。于是店员拦住了小李，问她是否盗窃了超市的商品，小李非常吃惊和气愤，断然否认。超市员工提出要她自己把口袋掏空，当口袋和背包也没有发现超市商品时，超市又提出对她搜身，结果小李被带到库房，由一名女店员让小李脱衣搜身，结果还是一无所获。小李感到非常气愤和羞辱，回到家中藏起来哭，后经过父母追问，才说出整个过程，并要求父母为她找超市讨说法。这时，超市的老板登门道歉，但小李及其父母仍然为这件事情感到恼火，要求对方公开道歉，并给予 10 万元的精神损害赔偿金。超市请求人民调解委员会调解。

（来源：安化县司法局）

本案的调解能否成功，关键在于如何把握好一个赔偿的度。如果你是调解员，你认为超市工作人员侵犯了小李的什么权益？超市方承担责任的方式有哪些？小李和父母的要求给予精神损害赔偿是否有法律依据？确定精神赔偿金额应当考虑哪些因素？超市是否应当给予小李 10 万元的精神损害赔偿金？如果你不能回答以上问题，请学习本节的知识。

知识学习

一、人格权损害赔偿基本法律制度

人格权，是指以主体依法固有的人格利益为客体的，以维护和实现人格平等、人格尊严、人身自由为目的的权利。根据权利客体的不同，可分为物质性人格权和精神性人格权。前者主要包括身体权、健康权、生命权；后者包括姓名权（名称权）、肖像权、自由权、名誉权、贞操权、隐私权、婚姻自主权等。

一般人格权，是指民事主体享有的，概括人格独立、人格自由和人格尊严全部内容的一般人格利益，并由此产生和规定具体人格权，并对具体人格权不能保护的人格利益进行保护的抽象人格权。一般人格权以人格尊严为核心价值，全面保护人的尊严，对具体人格权无法保护的其他人格利益提供法律保护的请求权基础，予以保护。

（一）关于一般人格权的法律规定

一般人格权被广泛用于法律没有保护的具体人格权及其他利益的保护。1993年颁布的《消费者权益保护法》明确规定了对人格尊严的保护，《最高人民法院关于审理民事侵权精神损害赔偿责任案件适用法律若干问题的解释》规定，可以依据一般人格权保护民事主体的其他人格利益，《民法总则》第109条规定："自然人的人身自由、人格尊严受法律保护。"这是关于一般人格权的基本规定。

（二）侵犯人格权的民事责任方式

1. 停止侵害、恢复名誉、消除影响、赔礼道歉。恢复名誉、消除影响、赔礼道歉可以约定以书面或者口头的方式进行。

2. 赔偿损失。侵权人应当赔偿受害人因侵权行为造成的经济损失，赔偿经济损失的数额应当以实际损失为限。

3. 精神损害赔偿。因侵害他人人格尊严致人精神损害，造成严重后果的，侵权人除了承担停止侵害、恢复名誉、消除影响、赔礼道歉等民事责任外，还应根据受害人一方的请求赔偿相应的精神损害抚慰金。

二、农村一般人格权损害赔偿纠纷的主要情形

1. 当众以语言或行为侮辱、诽谤、损害他人人格引起的损害赔偿纠纷。如以讽刺口气呼叫他人不雅的绰号、逼迫他人当众下跪和吃污秽物、张贴贬损他人人格的漫画和标语等。

2. 在婚丧、祭祀、乔迁等重大活动中，严重贬低他人人格引起的损害赔偿纠纷。如将长辈安排到晚辈的位置，让长辈享受晚辈礼遇，将本族人作为外族人对待，赠送的礼品明显低于常规标准，等等。

3. 在经营活动中侵害他人人格尊严引起的损害赔偿纠纷。如乡村商店、餐馆、农副产品加工厂、农民专业合作社等经营场所在管理过程中损害员工、顾客的人格尊严等。

4. 侵害死者人格引起的损害赔偿纠纷。如以侮辱、诽谤、贬损或者违反社会公共利益、社会公德的其他方式，侵害死者的人格，死者近亲属进行追究而发生损害赔偿纠纷。

三、调解人格权纠纷应当注意的事项

（一）注意综合运用调解方法与技巧

一般人格权损害赔偿纠纷的调解中，赔偿数额的确定与消除影响的方式是调解中的难点，双方当事人往往在赔偿数额和赔礼道歉方式上分歧较大。调解员可以通过"背靠背"的方式调解，解释有关法律规定，引导侵权行为人换位思考，促使其认识到自身行为的错误和应当承担的法律后果。结合有关法律规定，耐心劝说受害人放弃过分、过高、过苛刻的要求，适当降低那些不符合实际的要求，或变通作出处理。从两方面引导，促使双方达成调解协议。

（二）注意法律的适用和当地风俗习惯的衔接、统一

调解工作应当尊重当地的公序良俗。当法律、法规、司法解释和国家的政策均没有规定时，可以根据习俗和民间习惯进行调解。对于那些不违反法律规定及善良道德的风俗习惯，可以予以支持。例如，消除影响的方式就应当按照当地风俗确定，可以是在一定范围内公开赔礼道歉、放鞭炮、请吃饭等。

（三）综合相关因素确定精神赔偿金额

对于侵害他人人格尊严致人精神损害，造成严重后果的，如受害人自杀、患精神病、出现心理障碍、精神一蹶不振、学习成绩急速下降等，侵权人应当赔偿相应的精神损害抚慰金。赔偿数额可根据侵权人的过错程度、侵权行为的具体情节、行为的恶劣影响程度、行为的后果、经济赔偿能力，受害人的地位、受害程度，社会经济发展水平酌定。

案例简析

导入案例属于一般人格权损害纠纷案件。

在超市的要求下，人民调解员上门调解。调解此类纠纷，首先要认识到本纠纷涉及的是人格尊严，即人身的非财产利益受到侵害。本纠纷中，小李的人身自由受到了超市的非法限制，其人格尊严遭到践踏，可以定性为侵犯人格尊严的行为。其次，要明确侵犯一般人格权的责任形式，主要有停止侵害、赔礼道歉、恢复名誉、消除影响等。如果精神受到损害，根据最高人民法院的司法解释，还可以请求精神损害赔偿。

本案中，由于超市侵权的情节恶劣，使正处于妙龄的少女小李遭受相当程度的精神损害，除了赔礼道歉外，应给予一定的精神损害赔偿。小李和父母的要求于法有据。但是，法律对于精神损害赔偿金额有严格限制，并不支持没有合理依据的高额赔偿。调解员通过向当事人解释有关法律，反复劝说、引导，促使双方当事人达成了协议：由超市张贴海报道歉，消除了不良影响，并给予小李精神损害抚慰金1000元。纠纷得到圆满解决。

第三节　农村道路交通事故损害赔偿纠纷的调解

案例导入

2015年11月底，村民党某预付部分款项在焦作市购买小型货车一辆，尚未上牌。党某雇佣其外甥史某驾驶回来，12月1日凌晨，途经温县高速路与新洛路交叉的大转盘处，不慎将温县环卫工吴某撞倒，吴某当场死亡。经交警部门现场勘验和取证认定，史某负主要责任，吴某负次要责任；之后，车主党某支付了吴某家属马某1.5万元的丧葬费，其余赔偿事宜近3个月来只字未提。

2016年3月下旬，马某申请调委会进行赔偿金的调解。受理案件后，调解员找到党某，党某同意调解，表示同情、认错并以最大力量来给予赔偿。为稳定受害者家属情绪，防止矛盾激化，调解员对马某等进行安抚，并从法律角度分析这起交通事故的性质、责任和法律后果，马某等答应保持克制、冷静。调解同时得到村委会和有关部门的配合。在调解中，受害家属要求党某赔偿34万元。而党某认为，买车只交了部分车款，车要营运，还有各种手续保险等费用没有着落，自己没有其他经济来源，家庭经济困难，只同意赔偿12万元。受害方断然拒绝，调解陷入僵局。

〔来源：湖南电大法学（农村法律事务方向）专业建设调研组〕

　　本案经交警部门认定，肇事方和受害方分别承担主、次责任，责任是明确的。但是，因经济条件等原因引发了民事赔偿纠纷。如果你是调解员，你认为调解中应当注意哪些事项？可以采取哪些调解方法？若当事人通过协商达成协议，可否尊重当事人的意思自治？如何把普法、学法、用法贯穿到实际当中？如果你不能回答以上问题，请学习本节的知识。

知识学习

一、道路交通事故处理基本法律制度

　　道路交通事故，是指车辆在道路上因过错或者意外造成的人身伤亡或者财产损失的事件。

　　（一）道路交通事故处理的基本规定

　　1. 在道路上发生交通事故，车辆驾驶人应当立即停车，保护现场。

　　2. 造成人身伤亡的，车辆驾驶人应当立即抢救受伤人员，并迅速报警。因抢救受伤人员变动现场的，应当标明位置。

　　3. 未造成人身伤亡，当事人对事实及成因无争议的，可以即行撤离现场，恢复交通，自行协商处理损害赔偿事宜；不即行撤离现场的，应当迅速报警。

　　4. 仅造成轻微财产损失，并且基本事实清楚的，当事人应当先撤离现场再进行协商处理。

　　5. 车辆发生交通事故后逃逸的，事故现场目击人员和其他知情人员应当向公安机关举报。举报属实的，公安机关交通管理部门应当给予举报人奖励。

　　6. 公安机关交通管理部门接到交通事故报警后，应当立即派交通警察赶赴现场，先组织抢救受伤人员，尽快恢复交通；对交通事故现场进行勘验、检查，收集证据；根据交通事故现场勘验、检查、调查情况和有关的检验、鉴定结论，及时制作交通事故认定书，作为处理交通事故的证据，并送达当事人。

（二）道路交通事故损害赔偿责任的规定

1. 肇事车辆参加机动车第三者责任强制保险的，由保险公司在责任限额范围内支付抢救费用；由公安机关交通管理部门通知保险公司。抢救费用超过责任限额的，未参加机动车第三者责任强制保险或者肇事后逃逸的，由道路交通事故社会救助基金先行垫付部分或者全部抢救费用，道路交通事故社会救助基金管理机构有权向交通事故责任人追偿。

2. 机动车发生交通事故造成人身伤亡、财产损失的，由保险公司在机动车第三者责任强制保险责任限额范围内予以赔偿；不足的部分，按照下列规定承担赔偿责任：

（1）机动车之间发生交通事故的，由有过错的一方承担赔偿责任；双方都有过错的，按照各自过错的比例分担责任。

（2）机动车与非机动车驾驶人、行人之间发生交通事故，非机动车驾驶人、行人没有过错的，由机动车一方承担赔偿责任；有证据证明非机动车驾驶人、行人有过错的，根据过错程度适当减轻机动车一方的赔偿责任；机动车一方没有过错的，承担不超过10%的赔偿责任。

3. 交通事故的损失是由非机动车驾驶人、行人故意碰撞机动车造成的，机动车一方不承担赔偿责任。

4. 车辆在道路以外通行时发生的事故，公安机关交通管理部门接到报案的，参照我国《道路交通安全法》和《道路交通安全法实施条例》有关规定办理。

5. 发生交通事故后当事人逃逸的，逃逸的当事人承担全部责任。但是，有证据证明对方当事人也有过错的，可以减轻责任。当事人故意破坏、伪造现场、毁灭证据的，承担全部责任。

（三）交通事故损害赔偿纠纷的行政调解与诉讼

1. 对交通事故损害赔偿的争议，当事人可以请求公安机关交通管理部门调解，也可以直接向人民法院提起民事诉讼。

2. 对交通事故损害赔偿有争议，当事人请求公安机关交通管理部门调解的，应在收到交通事故认定书之日起10日内提出书面调解申请。

3. 对交通事故致死的，调解从办理丧葬事宜结束之日起开始；对交通事故致伤的，调解从治疗终结或者定残之日起开始；对交通事故造成财产损失的，调解从确定损失之日起开始。

4. 调解达成协议的，公安机关交通管理部门应当制作调解书送交各方当事人，调解书经各方当事人共同签字后生效；调解未达成协议的，公安机关交通管理部门应当制作调解终结书送交各方当事人。

5. 公安机关交通管理部门调解期间，当事人向人民法院提起民事诉讼的，调解终止。

6. 经公安机关交通管理部门调解，当事人未达成协议或者调解书生效后不履行的，当事人可以向人民法院提起民事诉讼。

7. 当事人向人民法院提起民事诉讼后，公安机关交通管理部门不再受理调解申请。

二、农村道路交通事故损害赔偿纠纷的主要情形

1. 非法营运造成的交通事故纠纷。如用农用车、拖拉机、摩托车违章经营载人业务，发生交通事故引起的损害赔偿纠纷。

2. 违法、违章驾驶造成交通事故引起的损害赔偿纠纷。如无证驾驶农用车、机动三轮车、拖拉机、摩托车等机动车，超速行驶、酒后驾驶，货车超载、人货混装等发生交通事故，引发纠纷。

3. 机动车不登记、不年检、不投保交通事故责任强制保险，发生重大交通事故后无力赔偿，赔付不到位而引起纠纷。

4. 车辆在道路以外通行时发生的事故引起的纠纷。如拖拉机耕地，摩托车在田埂上行驶，三轮车和农用车在乡村简易公路上行驶，到晒谷场上装货，发生翻车事故，造成人身、财产损害，引起纠纷。

5. 非机动车与非机动车、非机动车与行人之间发生的交通事故引起的纠纷。

三、调解农村道路交通事故损害赔偿纠纷应当注意的事项

（一）不能受理不适用人民调解的交通事故损害纠纷

交通事故的损害赔偿纠纷有三种情况不适用人民调解，分别为：①当事人自行协商解决；②当事人已请求公安机关交通管理部门调解；③当事人已向人民法院提起民事诉讼。

（二）要注意依法明辨是非，分清责任

农村的许多交通事故纠纷是由于非法营运、违章驾驶，以及不按规定进行机动车登记、年检和购买保险，或者受害人严重违反道路交通安全法语交通规则所造成的。在调解中，对于存在重大过错的赔偿义务人要提出严肃批评，帮助其认识到自己的错误与应当承担的法律责任，放弃赖账的侥幸心理；对受害人的重大过错也必须严肃指出，使其认识到自己应当承担的相应后果。在依法明辨是非、分清责任的基础上，提出调解建议，促成双方达成调解协议。

（三）对于机动车造成的非道路交通事故纠纷，按一般的人身、财产损害赔偿纠纷进行调解

由乡镇、村自行修建的道路、机耕道和自然通车形成的道路，以及耕地、林场、晒场不属于法定道路。在这些路上和场所发生的机动车事故属于非道路交通事故，公安交警部门不具有事故责任认定的法定管理职权，人民调解委员会受理后，适用我国《侵权责任法》，按一般的人身、财产损害赔偿纠纷进行调解，赔偿项目与金额可参照道路交通事故的相关标准确定。

案例解析

本案属于农村道路交通事故损害纠纷。

车主雇佣其外甥驾驶自己的无牌照小型货车，在行驶中又肇事并产生严重的后果。交警部门认定肇事方和受害方分别承担主、次责任，因经济条件等原因引发了民事赔偿纠纷。

面对僵局，调解人员首先做党某的工作，要求党某提高赔偿金，党某同意由12万提到15万元。后通过参与调解的亲属协助做工作，赔偿数额又增加1万元，提高到16万元。通过做受害家属工作，受害方也将赔偿金由34万元降至20万元。至此，双方均不再让步，且言辞激烈，调解一度中断。此后，调解员继续耐心疏导，因为差距越来越小，希望双方相互谦让，各让一步，受害方降一点，肇事方再涨一点，肇事方若一时拿不出，还可分批分期给付。希望双方不要错过机会。见双方有所松动，高度评价双方的谦让风格，双方最后以18万赔偿金达成

协议。

在调解过程中，调解员及有关机关、亲属等通力合作，做了大量的工作，对当事双方按照各自承担的责任，用各种形式如"面对面""背靠背"等调解方法，多次调解、沟通，促使双方当事人自愿达成赔偿协议，从而减轻了人民法院的审理压力，提高了办案速度和效率。受害方真正得到了安抚，得到赔偿，有了尊严，从此就安居乐业了。而肇事方以赔偿大额款项的代价，尝到了违章的后果。以此为教训，告诫人们要严格遵守用血和生命制定的交通法规。调解的过程，贯穿了普法、学法、用法的宗旨。这是一次成功的调解。

第四节　农村医疗损害赔偿纠纷的调解

🔊 案例导入

王某临产前入住某县二甲医院，产前检查胎儿宫内窘迫、胎膜早破，需剖腹分娩。术前肝功能检验报告 HBSAG：阳性。临床医师告知孕妇："小三阳产妇不宜母乳喂养婴儿，以免将肝炎传染给孩子"，并征得孕妇同意进行回奶的药物注射。事后，医院发现此报告可能有误，建议复查。经复查证实确实有误。为此，产妇及家属与医院发生纠纷。产妇及其家属认为，由于医院方检验报告错误，在没有进一步复查核实的情况下就给孕妇注射了回奶针，导致婴儿不能正常母乳喂养，这是医疗事故，遂提出婴儿人工喂养费、精神损害抚慰金共 5 万元的赔偿要求。医院则认为，进行回奶的药物注射是经孕妇本人同意后进行的，且没有造成产妇人身损害后果，不同意赔偿。因多次协商未果，双方当事人同意由调委会调解。调委会受案后，首先由"医调委"讨论分析本案性质，认为医院方违反了诊疗护理规范"三查七对一注意制度"，检验科医生存在医疗过错；主治医师构成未尽诊疗义务的过失，但按"医疗事故分级标准"不构成医疗事故，是医疗纠纷。根据过错责任原则，医院应承担民事责任。其次，根据争议焦点和心理价位，制订调解目标和调解方案。双方对纠纷事实无异议，争议焦点为赔偿金额，但数额差距大。产妇王某提出每月婴儿奶粉需 1600 元，一年即 2 万元，精神损害赔偿 3 万元，合计 5 万元。医院只认可婴儿 4 个月的奶粉钱和适当的精神补偿共计 6000 元。

（来源：吴军营：《人民调解案例汇编》）

双方对纠纷事实无异议，但对赔偿金数额的意见分歧大。调解的关键是缩小双方关于赔偿金数额的分歧。如果你是调解员，你将怎样认定产妇及其家属与医院之间的法律关系？怎样认定纠纷性质？将制订怎样的调解方案？采用哪些调解方法与技巧，促使双方达成调解协议？如果你不能回答以上问题，请学习本节的知识。

🔍 知识学习

一、医疗损害赔偿基本法律制度

医疗损害，是指在诊疗护理过程中，由于医务人员的过错给患者造成的损害。医务人员，是指经医药院校教育或卫生机构培训合格，从事医疗工作的医疗防疫人员、药剂人员、护理人员和其他技术人员。

（一）医疗机构预防和处置医疗事故的责任

1. 医疗机构应当按照国务院卫生行政部门规定的要求，书写并妥善保管病历资料。因抢救急危患者，未能及时书写病历的，有关医务人员应当在抢救结束后 6 小时内据实补记，并加以注明。严禁涂改、伪造、隐匿、销毁或者抢夺病历资料。

2. 患者有权复印或者复制其门诊病历、住院志、体温单、医嘱单、化验单（检验报告）、医学影像检查资料、特殊检查同意书、手术同意书、手术及麻醉记录单、病理资料、护理记录以及国务院卫生行政部门规定的其他病历资料。

3. 在医疗活动中，医疗机构及其医务人员应当将患者的病情、医疗措施、医疗风险等如实告知患者，及时解答其咨询；但是，应当避免对患者造成不利后果。

4. 医务人员在医疗活动中发生或者发现医疗事故、可能引起医疗事故的医疗过失行为或者发生医疗事故争议的，应立即进行调查、核实，将有关情况如实向本医疗机构的负责人报告，并向患者通报、解释。

5. 发生医疗事故的，医疗机构应当按照规定向所在地的卫生行政部门报告。发生或者发现医疗过失行为，医疗机构及其医务人员应当立即采取有效措施，避免或者减轻对患者身体健康的损害，防止损害扩大。

6. 发生医疗事故争议时，死亡病例讨论记录、疑难病例讨论记录、上级医师查房记录、会诊意见、病程记录应当在医患双方在场的情况下封存和启封。封存的病历资料可以是复印件，由医疗机构保管。

（二）医疗事故赔偿纠纷的处理

1. 发生医疗事故的赔偿等民事责任争议，医患双方可以协商解决；不愿意协商或者协商不成的，当事人可以向卫生行政部门提出调解申请，也可以直接向人民法院提起民事诉讼。

2. 双方当事人协商解决医疗事故的赔偿等民事责任争议的，应当制作协议书。协议书应当载明双方当事人的基本情况和医疗事故的原因、双方当事人共同认定的医疗事故等级以及协商确定的赔偿数额等，并由双方当事人在协议书上签名。

3. 已确定为医疗事故的，卫生行政部门应医疗事故争议双方当事人的请求，可以进行医疗事故赔偿调解。调解时，应当遵循当事人双方自愿原则，并应当依据《医疗事故处理条例》的规定计算赔偿数额。

4. 经调解，双方当事人就赔偿数额达成协议的，制作调解书，双方当事人应当履行；调解不成或者经调解达成协议后一方反悔的，卫生行政部门不再调解。

（三）确定医疗事故赔偿数额的因素

1. 医疗事故等级。
2. 医疗过失行为在医疗事故损害后果中的责任程度。
3. 医疗事故损害后果与患者原有疾病状况之间的关系。

不属于医疗事故的，医疗机构根据过错程度与损害结果承担赔偿责任或不承担赔偿责任。

（四）医方损害赔偿中的免责事由

医疗损害有下列情形之一的，医疗机构不承担赔偿责任：

1. 患者或者其近亲属不配合医疗机构进行符合诊疗规范的诊疗，但医疗机构及其医务人员也有过错的，应当承担相应的赔偿责任。

2. 医务人员在抢救生命垂危的患者等紧急情况下已经尽到合理诊疗义务。

3. 当时的医疗水平难以诊疗。

二、农村医疗损害赔偿纠纷的主要情形

农村医疗损害赔偿纠纷，是指农村患者因对乡镇卫生院、诊所等医疗机构诊疗护理过程中发生的不良医疗后果及其产生的原因与医方认识不一致，要求追究医方责任和给予赔偿而发生的纠纷。农村常见的医疗损害赔偿纠纷主要有以下类型：

1. 医方剥夺患者知情权引发的纠纷。患者认为医方未尽到"告知义务"，侵犯了患者的知情权，引发的医疗纠纷。

2. 因医疗事故引起的纠纷。医疗机构及其医务人员在医疗活动中，违反医疗卫生法律、行政法规、部门规章和诊疗护理常规，过失造成患者人身损害引发的纠纷。

3. 因医院内部管理引起的纠纷。如医疗环境不安全，婴儿在医院内被偷，医院见死不救等引发的纠纷。

4. 患者对医疗行为的误解引发的纠纷。患者或家属缺乏医学常识，对医院的有关规章制度不理解，将正常的医疗行为误解为医疗事故引起的纠纷。

5. 医疗广告夸大治疗效果进行宣传引起的纠纷。如患者接受治疗后没有实现医疗广告宣传的预期效果，于是指责医方欺诈，要求退还医疗费而引起纠纷。

三、调解农村医疗损害赔偿纠纷应当注意的事项

（一）注意避免事态扩大化

医疗纠纷的发生往往涉及人数众多，处理不当容易激化矛盾，转化成集体性事件、甚至刑事案件。如果发现事态有扩大的苗头，可以及早介入，控制事态发展，防止非法医闹的出现。

（二）重视病历和医疗档案资料判断纠纷性质方面的证据价值

调解时，需要首先对纠纷的性质作出判断，究竟是医疗事故，还是一般的医

疗差错，或者是医疗意外事件。在明确纠纷性质的基础上，制订调解方案，开展调解。判断纠纷性质的主要依据是原始病历和医疗档案资料。由于医疗机构必须就医疗行为与损害结果之间不存在因果关系及不存在医疗过错承担举证责任，凡是病历和医疗档案资料存在涂改、毁损、替换、增补等情形，则可作出与医疗机构主张相反的结论，在此基础上进行调解。

（三）注意调解方法的灵活运用

对那些情绪激动的患者方代表，要用适当拖延、冷处理的方法，减少、消除其对立心理后，再拿出处理意见。当医疗纠纷双方对于事实认定没有异议，情绪平静，只是在赔偿数额上有所出入的时候，可以采用"面对面"调解法。但是绝大部分的医疗纠纷双方在事实上都存在较大的争议，这个时候最好使用"背靠背"调解法，让当事人在事实认定、责任分担、赔偿数额、继续医疗等问题上比较容易地认可、接受调解建议。在双方基本要求的差距缩小后，再约双方见面，就比较容易达成调解协议。

案例简析

导入案例是一起农村医疗损害赔偿纠纷案件。

1. 调解医疗纠纷，首要任务就是要正确认定纠纷的性质、医疗行为过错的责任程度及损害后果，针对双方当事人争议的焦点，讨论制订恰当的调解方案，为纠纷顺利调解奠定良好基础。

本案中，产妇及其家属与医院之间的法律关系是民事法律关系。产妇及其家属认为这是一起医疗事故，便向医院提出了婴儿人工喂养经费、精神损害抚慰金共 5 万元的赔偿要求；医院则认为，进行回奶的药物注射是经孕妇本人同意后进行的，且没有造成产妇人身损害后果，故不同意赔偿。双方分歧很大。

调解委员会认真分析了案情，认为医院方违反了卫生部制定的《诊疗护理规范》所规定的"查对制度"，检验科医生在写报告时没有认真进行查对，存在医疗过错；主治医师看到此报告与产前检查报告不一致时未进行复查，就作出"小三阳产妇不宜母乳喂养婴儿，建议进行回奶的药物注射"的医嘱，构成未尽诊疗义务的过失。其过失行为和婴儿不能正常母乳喂养的损害后果之间，存在着直接的因果关系。但是，按"医疗事故分级标准"，没有造成产妇明显人身损害的其他后果，因此不构成医疗事故，其性质是一般的医疗过错损害赔偿纠纷。根据民法的过错责任原则，医院方应对自己的医疗差错所造成的后果承担民事责任，损害后果不仅是指人身损害，也包括财产的损失。国家对人身损害赔偿的规定，适用有限责任原则，即享受基本医疗、赔偿数额要与实际损害相当；关于精神损害赔偿我国法律虽无具体的数额规定，但法律精神是既要考虑侵权人的过错程度、侵权手段、方式，又要考虑受害人的实际损害程度，与本地居民实际生活水平相适应。本案中受害人所提出的 5 万元赔偿金没有法律依据。

2. 要引导当事人依法赔偿。医疗纠纷发生后，患者一方当事人，往往不能做到依法提出赔偿要求。他们的人身受到伤害后情绪比较激动，又欠缺医疗和法律知识，不知如何维权，往往提出高额索赔，却没有依据，全凭想当然，使医院方无法接受。对于医院方而言，虽然在医学知识方面是强势，但在赔偿问题上也怕，一旦承认过错，对方就会漫天要价。如本案中当事人对医疗过错态度很暧昧，可以协商补偿问题，但对过错避而不谈。调解时，对双方当事人都加以心理疏导，向他们宣传有关赔偿的法律法规，引导当事人依法赔偿，终于将双方距离拉近。

3. 在双方当事人心理价位接近时，采用说理的方式，引导双方当事人换位思考，倡导互谅互让，促使双方握手言和，自愿达成调解协议。调解人员先与王某沟通，向其宣讲人身损害赔偿的法律规定，并聘请儿科专家宣讲婴儿人工喂养的科学知识及常见问题与注意事项，产妇王某表示感谢。再与医院方沟通，明确指出医疗行为存在的过错，建议赔偿额适当提高，并派人主动上门和对方沟通，表示协商诚意，建议得到医院方采纳。通过释医释法、专家的分析评估，引导当事人依法维权，双方愿意协商解决纠纷。调解过程中，充分肯定双方解决纷争的诚意，特别强调，损害赔偿必须与国家规定基本相符，不能违背国家的法律，提倡互让互谅，换位思考。医疗行为出点错在所难免，王某受到伤害值得同情。最终达成协议，由医院赔偿奶粉钱 7380 元，精神损失费 2000 元，共计 9380 元。

本章考核重点

农村人身损害赔偿纠纷的情形，调解人身伤害案件的注意事项，一般人格权损害纠纷的注意事项，农村一般人格权纠纷常见情形，道路交通事故损害的概念、调解道路交通事故损害纠纷的注意事项、医疗损害赔偿纠纷的概念、调解医疗损害赔偿纠纷的注意事项。

練习题

一、判断题（判断下列说法是否正确。若正确在括号内画√，否则画×）

1. 侵权纠纷，是指因侵害他人的合法民事权益所发生的纠纷，如侵害物权、人身权、知识产权、继承权乃至于债权等。（　　）

2. 轻微伤不仅仅是民事上的侵权行为，一般作为犯罪论处。（　　）

3. 财产损害纠纷可以通过和解、调解、仲裁、诉讼等途径解决。（　　）

4. 道路交通事故损害纠纷，是指因车辆在道路上运行时造成人身伤亡、财产损失而引起的争议。（　　）

5. 医疗损害，是指在诊疗护理过程中，由于医务人员的过错给患者造成的损害。（　　）

二、单项选择题（每小题的 4 个选项中有 1 项正确，请将正确选项的序号填在括号内）

1. （　　）主要指人的身体受到的侵害，也包括由身体受到的侵害而导致的财产和人身方面的损失。

（1）故意伤害

（2）人身伤害

（3）轻微伤害

（4）人身损害

2. （　　）是环境污染损害赔偿责任的确认原则。

（1）过错责任原则

（2）无过错责任原则

（3）公平责任原则

（4）违法责任原则

3. 小李到照相馆照艺术照，照相馆翻拍了小李的底片，并卖给个体户张某作挂历用，而张某将底片又卖给某广告公司做广告。本案中，侵犯小李肖像权的是（　　　）。

（1）照相馆，不包括张某

（2）照相馆、张某、广告公司

（3）张某和广告公司，不包括照相馆

（4）广告公司和照相馆，不包括张某

三、多项选择题（每小题的 4 个选项中至少有 2 项正确，请将正确选项的序号填在括号内）

1. 名誉侵权的构成要件有（　　　）。

（1）名誉受到侵害的事实

（2）行为人有违法行为

（3）侵权行为人有过错

（4）侵害行为与损害事实有因果关系

2. 某医院在优生优育图片展中，展出了一名性病患者的照片，并在说明中用推断性语言表述该患者系性生活不检点所致。虽然患者眼部被遮掩，也未署名，但有些观众仍能辨认出该患者是谁，患者看了画展后，认为医院侵犯了他的人格权。以下权利中，医院未侵害患者的权利有（　　　）。

（1）生命权

（2）肖像权

（3）名誉权

（4）隐私权

第六章 农村社会管理事务纠纷调解

![学习目标]

通过本章的学习，你将能够：

1. 陈述社会保障、劳务争议、物业管理、群体性纠纷处理的基本法律制度。

2. 描述农村常见的社会管理事务纠纷的情形。

3. 运用社会保障、劳动争议、物业管理、群体性纠纷处理的法律知识调解农村相应的社会管理事务纠纷。

第一节 农村社会保障纠纷的调解

![案例导入]

盲人詹某某租赁三牛农民专业合作社门面一间用于经营盲人按摩。在詹某某经营过程中，三牛农民专业合作社不及时履行出租门面的供水设施修理义务，且其员工张某某、何某某多次损坏詹某某门面内的按摩床，阻碍詹某某正常经营，导致詹某某停业。为此，詹某某请来十多名亲友，堵住三牛农民专业合作社大门，要求张某某、何某某恢复其门面内的按摩床并赔偿相应的损失。三牛农民专业合作社请求村人民调解委员会调解。调解人员初步了解本案情况后发现，当事人詹某某作为残疾人，法律意识淡薄，不能提供相关证据，且堵住三牛农民专业合作社大门的方式不妥。

〔来源：湖南电大法律事务（农村法律服务方向）专业建设调研组〕

本案当事人一方为盲人，是需要特别保护的弱势群体。如果你是本案的调解员，将怎样积极介入，组织调解，依法保护残疾人詹某某的合法经营权益？依据什么实体法开展调解？应当怎样做好詹某某的工作？如果你不能回答以上问题，请学习本节的知识。

知识学习

一、农村社会保障基本法律制度

社会保障是国家和社会依据相关的法律、法规，对国民收入进行再分配形成社会消费基金，为因年老、疾病、失业、伤残、生育、死亡、灾害等原因而失去劳动能力或生活遇到障碍的社会成员，提供物质上的帮助，以保障其基本生活需要的一系列有组织的措施、制度的总称。

（一）新型农村养老保险

1. 农村社会养老保险的内涵。农村社会养老保险是社会保险（非商业保险）的一个重要组成部分，是指通过个人、集体、政府多方筹资，将符合条件的农村居民纳入参保范围，达到规定年龄时领取养老保障待遇，以保障农村居民年老时基本生活为目的，带有社会福利性质的一种社会保障制度。

2. 农村社会养老保险的主要内容。

（1）参保范围。年满16周岁（不含在校学生）、未参加城镇职工基本养老保险的农村居民，可以在户籍地自愿参加新农保。

（2）基金筹集。新农保基金由个人缴费、集体补助、政府补贴构成。对农村重度残疾人等缴费困难群体，地方政府为其代缴部分或全部最低标准的养老保险费。

（3）建立个人账户。个人缴费，集体补助及其他经济组织、社会公益组织、个人对参保人缴费的资助，地方政府对参保人的缴费补贴，全部记入个人账户。

（4）养老金待遇。由基础养老金和个人账户养老金组成，支付终身。参保人死亡，个人账户中的资金余额，除政府补贴外，可以依法继承。

（5）养老金待遇领取条件。年满 60 周岁、未享受城镇职工基本养老保险待遇的农村有户籍的老年人，可以按月领取养老金。

（二）新型农村合作医疗

1. 新型农村合作医疗的内涵。农村合作医疗分为二个时期：在 2001 年以前称为农村合作医疗制度；在 2002 年以后称为新型农村合作医疗制度，简称"新农合"，是指由政府组织、引导、支持，农民自愿参加，个人、集体和政府多方筹资，以大病统筹为主的农民医疗互助共济制度。采取个人缴费、集体扶持和政府资助的方式筹集资金，是社会保障体系的一部分。

2. 新型农村合作医疗的主要内容。

（1）新型农村合作医疗报销范围，包括门诊补偿、住院补偿和大病补偿。

（2）新型农村合作医疗基金支付设立起付标准和最高支付限额。

（3）大病保险主要在参保（合）人患大病发生高额医疗费用的情况下，对新农合补偿后需个人负担的合理医疗费用给予保障。

（4）新型农村医疗合作制度的基金采取专户存储，专款专用的方式。

（三）农村社会救助

农村社会救助是国家和各社会群体为农村中的"三无"人员或是因灾、病、缺少劳动能力等原因造成生活困难的贫困对象，提供物质、扶持生产等多种形式的帮助，保障其基本生活。农村社会救助的类型主要有：

1. 农村低保。保障农村无收入来源，无劳动能力，无法定赡养、抚养、扶养义务人的"三无"人员和因灾、因病、因残丧失劳动能力，共同生活的家庭人均年收入低于 1200 元，难以维持基本生活的农村居民。

2. 农村五保户。老年、残疾或者未满 16 周岁的村民，无劳动能力，无生活来源又无法定赡养、抚养、扶养义务人或其法定赡养、抚养、扶养义务人无赡养、抚养、扶养能力的给予救助。

3. 自然灾害。对因突发性特大自然灾害的受灾群众实行紧急转移及生活救助，组织和帮助受灾地区开展生产自救。

4. 医疗救助。对患有恶性肿瘤、白血病、尿毒症和肝硬化等大病，且患者年医疗费用在 1 万元以上，难以承担医疗费用并已影响家庭基本生活的城乡低保户、五保户和重灾户等贫困者，给予适当的医疗补助。

5. 助学救助。对九年义务教育阶段的城乡低保户或特困户子女，实行"两免一补"（免学费、免书本费，适当补助寄宿生生活费）制度；对高中阶段的特困生，实行助学制度；对考入高等院校、品学兼优的特困新生，实行一次性奖学金制度。

6. 住房救助。帮助城镇居民低保户、特困无房户，提供廉租房或经济适用房；帮助农村居民低保户、五保户、特困无房户、因灾房屋全倒且无自救能力的重灾户，给予建房补助。

7. 残疾人救助。对无法维护正常生活的残疾人及其家庭在从业方面进行扶定扶助。

8. 就业援助。帮助有劳动能力和就业意愿的低保户、残疾人和其他特困人员就业，并免费提供就业技能培训。

9. 临时援助。对特困人口和无家可归、生活无着落的城市流浪乞讨人员实行临时生活救助。

（四）农村社会优抚

农村社会优抚，是指政府和社会对军人等从事特殊工作的人员及其家属予以优待、抚恤和妥善安置的一类社会保障制度，包括死亡抚恤、伤残抚恤、退伍安置、退休安置和社会优待五个项目。如向烈属、军属、复员退伍军人、残废军人提供抚恤金、优待金、补助金；举办荣誉军人疗养院、光荣院；安置复员退伍军人；为军队离退休干部提供服务等。社会优抚是社会保障的特殊构成部分，属于特殊阶层的社会保障。

（五）农村五保户社会保障

五保户是我国经济社会特定历史时期的产物。随着农村经济的发展，农民生活水平日益提高，五保户的数量越来越少。我国农村五保对象的供给一直是由集体经济组织和群众共同负担的，是一项社会救济与集体福利事业。

1. 五保供养对象，是村民中符合下列条件的老年人、残疾人和未成年人：①无法定扶养义务人，或者虽有法定扶养义务人，但是扶养义务人无扶养能力的；②无劳动能力的；③无生活来源的。法定扶养义务人，是指依照《婚姻法》

规定负有扶养、抚养和赡养义务的人。

2. 五保供养内容，即"五保"。保吃：供给粮油和燃料；保穿：供给服装、被褥等用品和零用钱；保住：提供符合基本条件的住房；保医：及时治疗疾病，对生活不能自理者有人照料；保葬：妥善办理丧葬事宜（孤儿为保教）。

3. 供养形式，有两种：①在当地的农村五保供养服务机构的集中供养，②在家分散供养。

4. 确定五保对象的步骤：①由村民本人提出申请或者由村民小组提名；②村民委员会审核；③审核符合条件的，报乡、民族乡、镇人民政府批准；④批准后，发给《五保供养证书》。

5. 五保对象的个人财产。继续归本人使用，但未经批准不得自行处分；其中集中供养的，其财产交集体经济代管，生活用具可带入福利院继续使用；死亡后，其遗产由所在的农村集体经济组织继承；有五保供养协议的，按协议处理。五保供养对象因恢复劳动能力或赡养义务人等原因在生前已停止五保供养，并已结清有关费用的，个人财产归本人所有，死亡后由遗嘱继承人继承。

（六）农村残疾人社会保障

残疾人社会保障，是指国家保证有残疾的公民在年老、疾病、缺乏劳动能力、失业、失学等情况下获得基本的物质帮助，并根据社会的经济、文化发展水平，给予残疾人相应的康复、医疗、教育、劳动就业、文化生活、环境等方面的权益保障的社会保障制度。主要包括：

1. 就业保障。鼓励、帮助残疾人自愿组织起来从业或者个体开业；地方各级人民政府和农村基层组织，应当组织和扶持农村残疾人从事种植业、养殖业、手工业和其他形式的生产劳动；对残疾人个体劳动者，实行税收减免政策，并在生产、经营、技术、资金、物资、场地等方面给予扶持；对于申请从事个体工商业的残疾人，优先核发营业执照，并在场地、信贷等方面给予照顾；对从事各类生产劳动的农村残疾人，有关部门应当在生产服务、技术指导、农用物资供应、农副产品收购和信贷等方面，给予帮助。

2. 生活保障。在国家普惠政策基础上，重点建立健全残疾人基本民生兜底保障制度。包括：加大残疾人社会救助力度；建立困难残疾人生活补贴制度和重度残疾人护理补贴制度；帮助残疾人普遍参加基本养老和基本医疗保险，完善重度残疾人医疗报销制度。

3. 教育保障。普通高级中学、中等专业学校、技工学校、高等院校及成人教育机构招生，录取残疾人考生时在录取条件上给予适当照顾。普通学校应当接收具有接受普通教育能力的适龄残疾儿童、少年随班就读，并为其学习、康复提供帮助。

4. 医疗保障。享受农村最低生活保障的贫困残疾人参加合作医疗，其个人应负担部分由医疗救助资金垫支。因患大病经合作医疗补助后个人负担医疗费用过高，影响家庭生活的，给予适当救助。持乡（镇）以上残疾人联合会证明就医，乡（镇）卫生院免收挂号费；市及县级医院免收普通挂号费，并在检查费、手术费、住院费方面尽可能给予优惠。

5. 服务保障。残疾人凭残疾证，可免费进入各类对外开放的博物馆、展览馆、公共图书馆等公共场所。盲人凭残疾证，可免费乘坐市内公交车。

二、农村社会保障纠纷的主要情形

农村社会保障纠纷，是指因年老、疾病、伤残等情况及其他灾难发生而遇到生活危机，难以维持生计，从国家和社会获得基本生活保障的过程中所发生的纠纷。农村社会保障纠纷的主要情形主要有：

1. 农村养老保险纠纷。如许多贫困村民无法投保，而少数村、乡干部利用职权、巧立名目、利用公款为自己投保，农村养老保险的管理松散，地方筹资力度不够，保障金发放时间不确定，保障金发放不稳定，工作人员操作不规范，不交纳保险金就不许领结婚证等强制保险，等等。

2. 农村社会救助方面的纠纷。因低保对象配套优惠政策引发纠纷多。其他的如低保对象评定不符合规定，农村五保户、困难户和其他生活困难群体没有得到最低生活保障，工作人员借社会救助为自己及亲友谋利，留守学龄儿童学习和生活无人过问，引发纠纷。

3. 农村社会优抚方面的纠纷。优抚对象因死亡抚恤、伤残抚恤、退伍安置、退休安置和社会优待等引发纠纷。

4. 农村社会福利方面的纠纷。如社会成员在公共福利设施、社会性津贴、社会服务和保护性的福利措施方面引起的纠纷。

5. 农村合作医疗纠纷。如参合农民意外伤害无责任方且未获赔偿，政府筹资主体责任不到位，集体经济缺位导致新型农村合作医疗资金筹集不足，医疗服务的可及性和规范性不能满足农民需求，引发纠纷。

6. 农村五保户方面的纠纷。如农村五保遗产纠纷，农村五保户土地补偿、土地承包经营权、供养等。

7. 残疾人社会保障方面的纠纷。如残疾人的健康权、婚姻自主权、继承权、劳动权、生产经营权、财产权等方面的纠纷。

三、调解农村社会保障纠纷应当注意的事项

1. 尽快为经济困难的当事人提供基本生活保障。对农村养老保险、合作医疗、社会救助等纠纷，首先要解决生活困难当事人的基本生活问题，使他们正常生活。基层政府和村民集体组织都不得推诿，不得任由当事人的境况继续恶化。

2. 为经济困难的当事人提供法律帮助。如果需要通过法律途径解决纠纷，要提醒、指导经济困难的当事人申请法律援助，符合条件的可申请法院先予执行。

3. 找准农村各类社保纠纷的相应主管部门。农村社会保障管理机构体系复杂：民政部门和人力资源社会保障部门事实上都在管理农村社会养老保险业务；社会救助由民政部门负责；合作医疗则由卫生部门负责。当事人进行举报、投诉，或申请调解、行政裁决、行政复议时，要根据纠纷的具体性质找准相应的主管部门。

4. 将调解作为处理农村社会保障纠纷的基本手段。对社会保障纠纷的当事人在适用法律上应一律平等，尤其是对作为弱者的劳动者应倾斜保护。

5. 帮助树立残疾人群体的法治信心，引导残疾人群众自觉守法、遇事找法、解决问题靠法。

案例简析

导入案例是一起侵犯残疾人生产经营权利的纠纷。

我国《残疾人保障法》第 7 条规定："全社会应当发扬人道主义精神，理

解、尊重、关心、帮助残疾人，支持残疾人事业。"《侵权责任法》第2条规定："侵害民事权益，应当依照本法承担侵权责任。""本法所称民事权益，包括生命权、健康权、姓名权、名誉权、荣誉权、肖像权、隐私权、婚姻自主权、监护权、所有权、用益物权、担保物权、著作权、专利权、商标专用权、发现权、股权、继承权等人身、财产权益。"让残疾人平等参与社会生活、共享改革发展成果，是具体检验支持残疾人事业发展的重要标志。

导入案例中，詹某某系双眼全盲的残疾人，其作为民事主体租赁门面用于经营盲人按摩，是残疾人平等参与社会生活的积极体现，其合法经营权利更应受法律保护。出租方违约侵害残疾人正常生产经营，理应承担相应的责任。詹某某作为残疾人，由于其身体残疾、法律知识薄弱、经济条件有限等原因，在依法保护其权益时处于明显弱势地位。为切实依法保护残疾人的合法经营权益，使残疾人避免可能面临的诉讼负担，调解人员首先分别指出了双方各自不对的地方，严肃批评了损坏按摩床的员工，然后耐心地劝说双方分别作出让步，最终促成詹某某与三牛农民专业合作社签订调解协议，切实保护了詹某某的合法经营权益。纠纷得到圆满解决。

第二节　农村劳动纠纷的调解

案例导入

1995年5月，农民工龚某某受聘于莲花桥村小学，为莲花桥村小学做饭和打扫卫生，当时约定报酬为每月260元，只要长期做下去，报酬逐年递增。但直到2007年，龚某某的报酬只有每月320元，低于当地最低工资标准。2007年7月12日，龚某某向莲花桥村小学提出给予社会养老保险待遇并办理退休。莲花桥村小学认为双方仅存在劳务合同关系，而不是劳动关系，龚某某的行为是一种劳务承包行为，莲花桥村小学不需要为其缴纳社会保险费和办理退休手续。龚某某要求村调解委员会调解。

〔来源：湖南电大法律事务（农村法律服务方向）专业建设调研组〕

人民调解委员会可以调解这类纠纷。只要调解协议的内容不违背《劳动法》

和《劳动合同法》的强制性规定，就能得到社会保障部门认可，对双方具有相应的约束力。如果你是本案的调解员，你认为龚某某和莲花桥村小学之间是否存在事实劳动关系？莲花桥村小学的说法是否有法律依据？村人民调解委员会能否调解此类纠纷？应当如何调解此类纠纷？如果你不能回答以上问题，请学习本节的知识。

知识学习

一、劳动纠纷处理基本法律制度

劳动纠纷，又称劳动争议，是指劳动关系当事人之间因劳动的权利与义务发生分歧而引起的争议。

（一）劳动争议的类型

1. 因确认劳动关系发生的争议。

2. 因订立、履行、变更、解除和终止劳动合同发生的争议。

3. 因除名、辞退和辞职、离职发生的争议。

4. 因工作时间、休息休假、社会保险、福利、培训以及劳动保护发生的争议。

5. 因劳动报酬、工伤医疗费、经济补偿或者赔偿金等发生的争议。

6. 法律、法规规定的其他劳动争议。

（二）解决劳动争议的原则

1. 根据事实，遵循合法、公正、及时、着重调解的原则。

2. 依法保护当事人的合法权益的原则。

（三）劳动争议的处理

1. 发生劳动争议，劳动者可以与用人单位协商，也可以请工会或者第三方共同与用人单位协商，达成和解协议。

2. 当事人不愿协商、协商不成或者达成和解协议后不履行的，可以向调解组织申请调解；不愿调解、调解不成或者达成调解协议后不履行的，可以向劳动争议仲裁委员会申请仲裁；对仲裁裁决不服的，除法律另有规定的外，可以向人民法院提起诉讼。

3. 当事人对自己提出的主张，有责任提供证据。与争议事项有关的证据属于用人单位掌握管理的，用人单位应当提供；用人单位不提供的，应当承担不利后果。

4. 发生劳动争议的劳动者一方在 10 人以上，并有共同请求的，可以推举代表参加调解、仲裁或者诉讼活动。

5. 用人单位违反国家规定，拖欠或者未足额支付劳动报酬，或者拖欠工伤医疗费、经济补偿或者赔偿金的，劳动者可以向劳动行政部门投诉，劳动行劳动行政部门应当依法处理。

二、农村劳动纠纷的主要情形

（一）农民专业合作社劳动纠纷

农民专业合作社，是指在农村家庭承包经营基础上，同类农产品的经营者或者同类农业生产经营服务的提供者、利用者，自愿联合、民主管理的互助性经济组织。农民专业合作社以其成员为主要服务对象。农民专业合作社劳动纠纷是合作社为生产经营需要与聘用人员之间，因报酬福利等产生的纠纷。

（二）个体工商户劳动纠纷

个体工商户，是指有经营能力并依照《个体工商户条例》的规定经工商行政管理部门登记，从事工商业经营的公民。个体工商户与个人独资企业既有相同之处，但更有根本的区别。个体工商户与其劳动者之间，往往因拖欠劳动报酬、不重视安全、随意延长劳动时间、经济补偿等引发纠纷。

（三）农村合伙企业劳动纠纷

合伙企业，是指两个或两个以上的自然人通过订立合伙协议，共同出资经营、共负盈亏、共担风险的企业组织。合伙企业与劳动者之间常因拖欠劳动报酬、不交或拒交劳动保险费用等产生纠纷。

（四）农民工到当地学校、机关、卫生院打工所发生的劳动纠纷

此类纠纷有追索劳动报酬纠纷、经济补偿金纠纷、人身伤害赔偿纠纷等。

三、调解农村劳动纠纷应当注意的事项

（一）不属于劳动争议的情形不能适用劳动法和劳动合同法

下列争议不属于劳动争议：家庭或者个人与家政服务人员之间的纠纷；个体工匠与帮工、学徒之间的纠纷；农村承包经营户与受雇人之间的纠纷；当事人之间地位平等，不存在隶属关系、不属于劳动争议的劳务合同纠纷，不适用劳动法和劳动合同法调整，不按照劳动争议处理程序处理，应分别按照行政争议或民事争议等来处理。

（二）农民专业合作社成员与合作社之间不存在劳动争议

在合作社中，合作社的性质决定了其劳动过程，属于成员之间的互助劳动过程，每个成员在为自己劳动，为他人劳动属于合作帮工性质，不存在劳动争议。但由于生产经营需要与聘用人员之间可能产生劳动争议。由于合作社这一实体组织属于新兴组织，刚刚开始运营，涉及的法律问题到底有哪些，如何处理，并没有多少现成的案例，力出得不少，结果不一定理想，在处理具体问题时，应由情理方面入手，考虑具体问题的点与面结合，力争缓解冲突，彻底化解矛盾。在农民专业合作社中，还可能存在短期临时季节性质的劳务，要注意区分。

（三）调解劳动合同纠纷时应当把保护劳动者合法利益放在首位

在劳动纠纷中，劳动者属于弱势群体。法律全面规定了劳动者的权利与义务，但是实践中往往没有严格按照法律的规定落实到位。由于劳动者的权利受到法律的强制性保护，即使在订立劳动合同时劳动者表示放弃，也不能因此免除用人单位的法定责任，如签订"生死条款"、放弃缴纳养老保险、失业保险等权利，相关条款应认定无效。调解时，在坚持依法保护劳动者基本利益的前提下，对于支付节假日加班费、解约补偿金的数额、支付的方式及时间等可以协商，尽可能满足用人单位要求，促成调解协议的达成。

案例简析

导入案例属于用人单位未为形成劳动关系的农民工购买社会保险的纠纷。

在农村地区，这类纠纷往往表现为三种情形：①牵涉到劳动者与用人单位关

系性质的问题。既是劳务关系、加工承揽关系、承包关系、委托关系，还是事实劳动关系，这种情形下用人单位是否为劳动者建立养老保险、缴纳养老保险费成为争议焦点，因为用人单位应为劳动者建立养老保险、缴纳养老保险费是建立在劳动者与用人单位具有劳动关系的基础上。②牵涉到劳动者达到退休年龄后，因用人单位未为劳动者参加养老保险，致使劳动者不能享受养老保险社会统筹情形下的争议。③劳动者在工作期间没有参加社会保险，后原单位以劳务派遣方式用工，派遣单位已为劳动者建立社会保险，劳动者诉请原单位补缴以前的养老保险费的纠纷。根据《劳动法》第72条的规定，社会保险基金按照保险类型确定资金来源，逐步实行社会统筹。用人单位和劳动者必须依法参加社会保险，缴纳社会保险费。

导入案例中，龚某某为莲花桥村小学做饭和打扫卫生12年之久，并按月领取了报酬，虽未签订劳动合同，但存在事实劳动关系。依据相关法律法规的规定，用人单位莲花桥村小学应当支付劳动者龚某某的工资不得低于最低工资标准，同时，用人单位和劳动者均应依法参加社会保险，这是法定的义务。

村调解员根据事实，向当事人解释法律和进行劝说，莲花桥村小学最后表示愿意履行法定义务，龚某某和莲花桥村小学最终达成了调解协议。莲花桥村小学补发工资，为龚某某办理退休手续。调解协议经法院确认效力后，具有强制执行的效力。

第三节　农村物业管理纠纷的调解

案例导入

某富裕乡镇推行建设新型农村社区。2010年底，社区居民楼由县里的甲房地产开发公司承建完成。2011年初，当地450余户农民搬进了新楼房。按理说，搬进了楼房是好事，可是，农民们却遇到了一个新词的困扰——物业管理费。在搬进楼房的同时，农民接到了来自甲房产开发公司和镇上的通知，社区的物业由乙物业管理公司承包了，每户要按平方每月缴纳一次费用，包括物业管理费、维修基金、水电费等。对刚刚住楼的农民来说，这些费用加起来，可不算低。

有心的农民就向在城里居住的亲戚朋友打听这事，得知这物业管理不是"上面"可以决定的，而是应该由农民（业主）自己说了算。于是农民们自发选举出了由十几位住户组成的业主管理委员会。业主管理委员会代表住户，决定与另外一家收费较低的物业公司签订委托管理合同。与此同时，不少农民从侧面打听到，甲房地产公司在建楼之初就已经与乙物业管理公司签订了《社区物业管理承包合同》和《维修承包合同》，承包期为 10 年，为此乙物业管理公司已经向甲房地产公司支付了保证金 50 万元，在合同开始执行后，乙物业管理公司还需要向甲继续支付承包费用等。

这事一传开，立刻引起了甲房地产开发公司和当地政府的不满。村干部开始上门做农民的说服工作，声称：物业管理权属于开发商，不是由农民自己说了算；如果不按原来的通知办，农民将被取消当初购楼时的打折优惠，补足全额购房款。村干部的话和村民亲戚朋友的意见大相径庭。业主委员会请求乡人民调解委员会调解。

〔来源：湖南电大法学（农村法律事务方向）专业建设调研组〕

本案的关键是，物业管理权到底该由谁说了算。如果你是调解员，你认为由业主推选产生的业主委员会决定与另外一家收费较低的物业公司签订委托管理合同是否有效？甲房地产开发公司与乙物业管理公司签订合同是否是对业主合法权益的侵犯？假如你是调解员，你怎么看？如果你不能回答以上问题，请学习本节的知识。

知识学习

一、农村物业管理基本法律制度

农村物业管理，是指为从根本上解决农村环境脏、乱、差问题，以拆迁安置小区、小城镇居民区、移民村为单位，建设物业废弃物、处理物物业管理服务机构，或者选择专业人员或专门机构，依照村民意愿和物业服务合同约定进行专业化、社会化管理与服务的活动。

（一）农村物业管理的主要内容

农村物业管理主要集中在拆迁安置小区、小城镇居民区、移民村的环境管理、房屋及设备设施管理和客户服务管理等方面。其主要内容是：

1. 保洁服务。保洁服务，是指通过宣传教育、监督治理和日常工作，保护物业区域环境，防止环境污染，定时、定点、定人进行垃圾分类收集、处理和清运，对辖区所有公共地方、公共部位进行清扫、整理，保持环境整洁。

2. 绿化管理。对原有绿地严重损坏部分进行整治、修复；对辖区内的绿地进行浇水、施肥、除草、灭虫、修剪、松土、维护等。

3. 房屋维修。房屋维修，是指对已建成的房屋进行小修、中修、大修、翻修以及综合维修和日常维修养护，还包括对房屋维修完损等级的检查与评定、不同等级房屋功能的改善、更新、改造。

4. 物业设备设施管理。对物业设备设施进行保养、维修，使其能够保持最佳运行状态，有效地发挥效用，发挥物业设备、设施的使用效率，为业主和客户提供一个更高效和更安全、舒适的环境。

5. 客户服务管理。如接待服务、报修与投诉服务。

（二）农村物业管理方式

各地农村的实际状况不尽一致，目前没有统一的物业管理方式。实践中主要有以下方式：

1. 乡镇介入。由乡、镇安排人员代收社区电费、水费，乡、镇财政拨款聘请保洁人员，对小区进行基本的保洁和垃圾清运。

2. 村委会自管。由村委会安排党员志愿者负责保洁、垃圾清运和电费收取，人员投入费用由村委全额负担。

3. 联合共管。由村委与房地产开发企业委托的物业服务企业联合进行共同管理。管理层由物业服务企业人员担任，保洁、保安、维修人员由村民参与，电梯维保、管理制度、指导规范由物业服务企业人员负责。

4. 专业管理。由业主大会通过招投标方式，选聘具有相应资质的物业服务企业实施物业管理，双方签订物业服务合同，由物业服务企业按照约定提供服务。

（三）农村物业管理的法律适用

农村物业管理应当适用物业管理的法律和行政法规，业主委员会的成立应当符合《物业管理条例》规定的条件与程序，必须报政府主管部门备案。农村物业管理纠纷的处理应当按照《民法总则》《合同法》等法律规定处理。

二、农村物业管理纠纷的主要情形

农村物业管理纠纷，是指农村居民区业主、业主委员会与物业服务企业或其他管理人之间因物业管理产生的争议。它具备民事纠纷的基本特征，往往是侵权行为和违约行为的交叉。

1. 业主、业主委员会、物业服务企业或其他管理人之间因维修资金使用、房屋及其附属设施设备维修、养护、管理引发的纠纷，以及在前期物业服务合同履行过程中产生的纠纷。

2. 业主、业主委员会、物业服务企业或其他管理人之间因相关区域环境卫生与公共秩序维护中的纠纷。

3. 业主大会的成立、业主委员会选举及其依法依授权履职中发生的业主之间、业主与业主委员会之间的纠纷。

4. 业主自行管理中发生的业主与业主、业主与业主委员会之间的纠纷。

5. 因业主及使用人违反所在物业管理区域（临时）管理规约中有关房屋租赁、违法建设和装修等方面的约定引发的纠纷。

6. 物业管理活动中相关主体所发生的其他在物业使用、管理、服务方面的纠纷。

7. 高标准建设的农村社区，由于没有聘请物业公司，村民没有缴纳物业费的习惯，导致居住环境与建设环境并不匹配，村民幸福感降低而引发针对管理社区的村两委的纠纷。

三、调解农村物业管理纠纷应当注意的事项

1. 遵循法律规定和注重社会效果。调解物业管理纠纷，要依照我国《物权法》《合同法》《消费者权益保护法》《物业管理条例》等法律法规的规定以及地方性有关规定，参照惯例，权衡各方利益，以构建和谐的物业小区为宗旨，全力维护社会稳定，力求通过调解把矛盾消灭在萌芽状态，争取社会效果的最优化。

2. 维护合法的业主团体自治规约效力。业主团体自治权和自治地位是法规

确定的，受法律保护。经群众按一定程序制定和执行的各种守则、公约只要不违背法律，就受法律保护。在农村物业管理纠纷涉及业主公约的正当约定条款适用时，就应当承认业主公约的效力并予以维护和执行。

3. 尊重协议和合同。因合同和其他民事活动（如代理）引发的纠纷，应重视当事人之间的约定，以当事人之间达到的合同和协议为基础进行调解，尤其要尊重当事人关于纠纷解决方式的约定，对于双方议定的条款，只要不与法律及业主公约发生冲突，就可以作为调解纠纷的依据。

4. 在有关物业费、物业公司收费标准等类似物业纠纷的个案的调解中，为避免产生连锁反应，尽可能采取不公开方式调解。

5. 遇到复杂、疑难的纠纷，要积极争取基层组织和社会各界的支持。必要时可邀请当地村委会干部、家族德高望重的长辈做工作，可以吸纳会计师事务所、物业服务质量认证机构、价格评估机构等社会中介机构参与到物业纠纷的调解活动中来。

6. 对于问题比较复杂，容易引起群体性矛盾的物业纠纷，在调解时要注意与各相关部门应密切配合，以便有效地控制总体局势。如遇有矛盾激化的倾向时，必须在第一时间向上级有关部门汇报，以免纠纷调解处理不当促使矛盾进一步恶化。

案例简析

导入案例属于农村社区物业管理纠纷。

物业管理权是一种存在于他人所有物上的物权，因此谁可以行使该权利，应当由物的所有权人（业主）决定。物业管理合同的签订，其当事人只能是业主和物业管理公司，他们之间是委托人和被委托人的关系，物业管理合同执行的是合同法中有关委托合同的规定。业主有参加住宅区物业管理的权利，由业主推选产生的业主管理委员会是住宅区物业管理的执行机构，有权选聘物业管理公司、物业管理人员或其他专业服务机构对本住宅区进行物业管理，并与其签订物业管理合同。根据《物业管理条例》的规定，在业主、业主大会选聘物业管理企业之前，建设单位选聘物业管理企业的，应当签订书面的前期物业服务合同。住宅物业的建设单位，应当通过招投标的方式选聘具有相应资质的物业管理企业。前期物业服务合同可以约定期限；但是，期限未满、业主委员会与物业管理企业签订的物业服务合同生效的，前期物业服务合同终止。

导入案例中，甲房地产开发公司只是农村社区的开发建设单位，其擅自与乙物业管理公司签订合同，将社区的物业管理权"发包"给物业公司，并借机收取承包金，属于对业主合法权益的侵犯。按照法律规定，甲房地产开发公司与乙物业管理公司间签订的合同应当终止，当地政府与甲房地产开发公司更无权依据这样的合同要求农民执行。

调解人员全面查明案件事实后，依法进行分析，指出开发商和村干部的行为和意见不符合《物业管理条例》的有关条款，要求其放弃错误的主张。经耐心解释和劝说，甲房地产开发公司同意放弃对社区物业的干预，同意业主委员会终止与乙物业管理公司的物业服务合同，尊重业主委员会作出的物业管理企业的选择。

第四节　农村群体性纠纷的调解

案例导入

2015 年 7 月，村民刘某在使用李某所有的施肥机施肥时，因操作不慎，导致机器线路着火，引燃玉米地里的麦茬，八十余亩玉米苗被烧死，涉及村民五十多家。事发后，李某、刘某不但不采取补救措施，还扬言："反正我们也不是故意的，一分钱的损失也不会赔偿他们。"引起受害村民极大不满，五十多户村民围堵市政府大门上访告状，要求政府给个说法。镇调委会得到消息后，立刻向镇党委政府主动请缨，积极配合协调。

(来源：鹤壁市司法局)

这是一起因侵犯财产权而引起的群体上访事件。如果你是调解员，你认为遇到这类情况首先应该怎么做？本案中你认为问题的症结在哪里？你会用什么样的方法去化解？如果受害群众同意通过法律渠道向法院起诉解决，你认为可以提供的法律援助有哪些？如果你不能回答以上问题，请学习本节的知识。

知识学习

一、群体性纠纷处理基本法律制度

群体性纠纷，是指有共同利益或者共同地位的群体或群体之间权利利益受到侵犯而引发的冲突。群体性纠纷往往是多种社会矛盾的综合反映，是多种利益冲突的集中表现。

（一）群体性纠纷的特点

1. 造成群体性纠纷的原因是复杂多样的。从表面上看是当事人聚集起来闹事，扰乱社会秩序，以集体行动的形式来解决问题，但从深层次上思考，政府机关部门的不作为行为也是造成群体性纠纷的原因之一。

2. 当事人情绪激动，行为过激。当事人可能由于矛盾长期得不到解决，通过这样一个群体性的形式表达出来，将自己的情绪发泄出来，这在语言和行为上可能会出现过激的情况，行为也容易造成社会秩序的混乱，妨碍有关部门的正常工作秩序。

3. 当事人数量大，局面难以控制。一般 10 人以上的纠纷可以称作群体性纠纷。在一些重大的群体性纠纷当中，人数多达几百人，由于利益重组或其他原因，使这些来自不同领域的人们有共同的利益诉求。

（二）对群体性妨害社会管理秩序行为的治安处罚

1. 煽动、策划非法集会、游行、示威，不听劝阻的，处 10 日以上 15 日以下拘留。

2. 扰乱公共秩序，妨害公共安全，侵犯人身权利、财产权利，妨害社会管理，具有社会危害性，依照我国《刑法》的规定构成犯罪的，依法追究刑事责任；尚不够刑事处罚的，由公安机关依法给予治安管理处罚。

3. 有下列行为之一的，处警告或者 200 元以下罚款；情节较重的，处 5 日以上 10 日以下拘留，可以并处 500 元以下罚款：

（1）扰乱机关、团体、企业、事业单位秩序，致使工作、生产、营业、医疗、教学、科研不能正常进行，尚未造成严重损失的。

（2）扰乱车站、港口、码头、机场、商场、公园、展览馆或者其他公共场所秩序的。

（3）扰乱公共汽车、电车、火车、船舶、航空器或者其他公共交通工具上的秩序的。

（4）非法拦截或者强登、扒乘机动车、船舶、航空器以及其他交通工具，影响交通工具正常行驶的。

（5）破坏依法进行的选举秩序的。

聚众实施以上行为的，对首要分子处 10 日以上 15 日以下拘留，可以并处 1000 元以下罚款。

（三）对群体性犯罪的刑事制裁

1. 对聚众"打砸抢"行为的处理规定。聚众"打砸抢"，致人伤残、死亡的，依照《刑法》第 234 条、第 232 条的规定定罪处罚。毁坏或者抢走公私财物的，除判令退赔外，对首要分子，依照《刑法》第 263 条的规定定罪处罚。

2. 聚众扰乱社会秩序罪；聚众冲击国家机关罪、扰乱国家机关工作秩序罪；组织、资助非法聚集罪。聚众扰乱社会秩序，情节严重，致使工作、生产、营业和教学、科研、医疗无法进行，造成严重损失的，对首要分子，处 3 年以上 7 年以下有期徒刑；对其他积极参加的，处 3 年以下有期徒刑、拘役、管制或者剥夺政治权利。

聚众冲击国家机关，致使国家机关工作无法进行，造成严重损失的，对首要分子，处 5 年以上 10 年以下有期徒刑；对其他积极参加的，处 5 年以下有期徒刑、拘役、管制或者剥夺政治权利。多次扰乱国家机关工作秩序，经行政处罚后仍不改正，造成严重后果的，处 3 年以下有期徒刑、拘役或者管制。

3. 聚众扰乱公共场所秩序、交通秩序罪；投放虚假危险物质罪；编造、故意传播虚假恐怖信息罪。聚众扰乱车站、码头、民用航空站、商场、公园、影剧院、展览会、运动场或者其他公共场所秩序，聚众堵塞交通或者破坏交通秩序，抗拒、阻碍国家治安管理工作人员依法执行职务，情节严重的，对首要分子，处 5 年以下有期徒刑、拘役或者管制。

4. 聚众斗殴罪。聚众斗殴的，对首要分子和其他积极参加的，处 3 年以下有期徒刑、拘役或者管制；有下列情形之一的，对首要分子和其他积极参加的，处 3 年以上 10 年以下有期徒刑：

（1）多次聚众斗殴的。

（2）聚众斗殴人数多，规模大，社会影响恶劣的。

（3）在公共场所或者交通要道聚众斗殴，造成社会秩序严重混乱的。

（4）持械聚众斗殴的。

二、农村群体性纠纷的主要情形

（一）社会问题引起的群体性纠纷

社会问题引起的群体性纠纷，是指由于种族宗教的隔阂、庆祝活动、体育活动或其他社会活动所引起的恩怨，或因失业、劳资纠纷激起的不满情绪，导致罢工、请愿、游行、示威等行动，进而集体采取暴力行为酿成的纠纷。

（二）个案处理不当引起的群体性纠纷

因为对政府处理某一事件不当，影响部分群众的权益而产生不满，经过利益关系人的陈述请愿，在得不到合理解决或答复的情况下，爆发成群体性纠纷。如征地拆迁、建设有污染的工厂、修路迁移坟墓等引发纠纷。

（三）突发事故引起的群体性纠纷

因长途货车翻车引起哄抢和交通堵塞、因重大工伤事故引起受害人亲属群体围攻责任单位等。

三、调解农村群体性纠纷应当注意的事项

（一）要将控制事态发展作为首要任务

遇到突发性易激化的农村群体纠纷时，要迅速赶到纠纷发生现场，先稳住当事人，针对民事纠纷部分提出处理建议，果断采取有效措施防止矛盾升级，然后再积极开展调解，耐心细致地做思想工作，防止当事人铤而走险，行凶杀人或妨害公共秩序。

（二）找准切入点，有效地开展调解

找准症结，对症下药，做好关键性人物的工作。要充分发挥"乡情、亲情、

友情"的作用，紧紧依靠当地的老干部、老党员和地方上有威望并且愿意配合的人员，做好劝说、疏导工作，促使关键性人物转化思想。坚持以疏导、劝说在先，打击惩罚在后，配合有关部门选准时机打击事件中极少数人的违法犯罪行为。

（三）始终保持理性和冷静

参与群体性纠纷的群众往往态度生硬，语言尖刻，甚至采取过激行为，这就要求调解员在处置过程中头脑要冷静，态度要不火、不急、不燥，同时，要严格依据法律法规、党的政策解决问题，既不说过头话，乱扣帽子，又不能一味承诺群众的无理要求。隐蔽或被胁迫加入的群众，只要其未参与犯罪行为，不论事前、事中还事后，都应采取耐心说服、教育的方法，使其尽快明白自己的错误行为，最终团结在调解员的周围。

（四）及时兑现承诺

在调解群体性纠纷时，对于群众的合理要求，要及时予以承诺。同样，在事件平息后，对群众的承诺也要一件件地抓紧、抓好、落实，尽快兑现，绝不能采取官僚主义态度，久拖不结，一拖了之，而损害调解机构的声誉。

◎ 案例简析

导入案例是一起因侵犯财产权而引起的上访事件。

近年来，社会矛盾和冲突的各种群体性事件时有发生，数量不断攀升，规模也日益扩大，表现形式日趋激烈。群体性事件反映的内容有明显的权益诉求，矛盾无一不是涉及人身或财产权益。遇到这类情况，应按以下程序处理：

1. 要稳定当事人的情绪，避免矛盾激化。镇调委杨主任说：要相信政府一定会帮助他们处理好此事，同时又向他们指出，到市政府上访并围堵大门的行为是违法的，向政府反映问题可以到镇政府或区政府的信访部门，也可以通过法律途径解决，但绝对不能围堵市政府。这样不但无助于解决问题，而且还有可能适得其反。

2. 要找准问题的症结所在，然后确定用什么样的方法去化解。案例中，症结在于财产损失的赔偿问题。有侵权方、有受害方，并且受害方的损失与侵权行为之间存在因果关系，中间法律关系非常明确。调解这类纠纷，能通过社会道德风俗习惯解决的就解决，如果不行，该通过法律途径解决的一定要走法律途径。本案例中，杨主任讲："群众想要讨回受到的损失，只能向加害方索取，而不能只向政府要说法。作为政府部门可以出面帮助他们协调处理，如解决不成，他们完全可以通过法律途径来维护自身的合法权益，讨回自己所受损失。"这就给群众指明解决问题的途径。在说服教育中，要注重法、理并重，不仅要从法律上教育当事人，更要通过情理给予当事人心理上的宽慰，使调解沟通的过程更加顺畅。

3. 遇到这类情况，要扑下身子、全身心投入，把群众的事当成我们自己的事认真对待，设身处地地为群众考虑，只有这样才能取得群众的信任，使问题得到圆满解决。比如，杨主任向他们郑重承诺，镇调委会一定会为他们提供法律上的帮助，为他们提供法律援助，帮助他们依法讨回公道。随后，杨主任向镇党委政府主要领导汇报工作情况，并向他们提出法律建议，促使党委政府领导同意，如果受害群众同意通过法律渠道通过向法院起诉解决，诉讼费用由镇政府来垫付，并且由司法所协调为受害群众提供法律援助。目前，此案正在法院按诉讼程序进行审理当中。

本章考核重点

社会保障的概念、调解社会保障纠纷的处理注意事项、劳动纠纷性质的认定、调解劳动纠纷的注意事项、物业管理纠纷概念、调解物业管理纠纷的注意事项、群体性纠纷的概念、调解群体性纠纷的注意事项。

练习题

一、判断题（判断下列说法是否正确。若正确在括号内画√，否则画×）

1. 相邻关系实质上是相邻不动产所有人或使用人行使权利的延伸限制。（　　）

2. 劳动关系的用工主体可以是个人、单位，对是否领取营业执照无要求。（　　）

3. 在劳务合同履行过程中，雇主与雇员之间的主体身份是平等的。（　　）

4. 参加新型农村社会养老保险的农村居民，符合国家规定条件的，按年领

取新型农村社会养老保险待遇。（　　　）

5. 群体性纠纷，是指有共同利益或者共同地位的群体或群体之间权利利益受到侵犯而引发的冲突。（　　　）

二、单项选择题（每小题的 4 个选项中有 1 项正确，请将正确选项的序号填在括号内）

1. （　　　）是为因年老、疾病、失业、伤残、生育、死亡、灾害等原因而失去劳动能力或生活遇到障碍的社会成员，提供物质上的帮助，以保障其基本生活需要的一系列有组织的措施、制度的总称。

（1）社会保险

（2）社会保障

（3）社会救助

（4）社会福利

2. （　　　），是指劳动者与用人单位确立劳动关系，明确双方权利义务的协议。

（1）劳动合同

（2）劳务合同

（3）雇佣合同

（4）承揽合同

3. （　　　）在社会保障体系中居主导地位，是核心保障，覆盖了人口群体中最重要的部分，即劳动者群体。

（1）社会救助

（2）社会优抚

（3）社会保险

（4）社会福利

三、多项选择题（每小题的 4 个选项中至少有 2 项正确，请将正确选项的序号填在括号内）

1. 村里有两家因为宅基地问题发生械斗事件。作为村支书，下列行为合适的有（　　　）

（1）立即带人去现场

（2）把事发双方分别拉开，平复两家的情绪，争取做到无人伤亡

（3）分别听取两家理由，做好两家思想工作，进行调和

（4）若调和不成功，建议当事人采用法律手段解决，禁止再次发生械斗

2. 甲乙系邻居，以下属于相邻关系的是（　　　）

（1）甲院里的树木的根枝越界到乙家园中生长

（2）甲将自家房屋改为歌厅

（3）甲把大狼狗拴在自家院中，乙路过时被吓得心惊胆战

（4）甲把垃圾堆放在自家门口，散发的恶臭使乙夏天不敢开窗

主要参考文献

［1］廖永安、刘青："构建全民共建共享的社会矛盾纠纷多元化解机制"，载《光明日报》2016年04月13日，第13版。

［2］廖永安主编：《如何当好调解员：中美调解培训启示录》，湘潭大学出版社2013年版。

［3］廖永安主编：《中国调解学教程》，湘潭大学出版社2016年版。

［4］廖永安、邓春梅主编：《人民调解能手访谈录》，湘潭大学出版社2016年版。

［5］程波：《美国调解技巧的社会心理学解读》，湘潭大学出版社2016年版。

［6］廖永安、谭斌武、［美］戴维德·麦茨：《谈判调解实训教程》，湘潭大学出版社2016年版。

［7］廖永安、覃斌武、［美］罗伯特·史密斯编著：《如何当好调解员：美国调解经典案例评析》，湘潭大学出版社2013年版。

［8］戴勇坚：《如何当好调解员：法律谈判的理论、策略和技巧》，湘潭大学出版社2015年版。

［9］孙浩波主编：《人民调解精品案例集》，湘潭大学出版社2016年版。

［10］谢勇等编著：《社会心理学在调解中的运用》，湘潭大学出版社2016年版。

［11］邵华：《医患纠纷调解的正义之路》，湘潭大学出版社2016年版。

［12］刘道龙、廖永安主编：《人民调解经典案例评析》，湘潭大学出版社2016年版。

［13］刘建宏主编：《农村常见法律纠纷处理实务》，中央广播电视大学出版社 2014 年版。

［14］苏东主编：《人民调解一本通》，中国民主法制出版社 2015 年版。

［15］盛永彬、刘树桥：《人民调解实务》，中国政法大学出版社 2015 年版。

［16］李刚编著：《城郊农村如何搞好人民调解》，金盾出版社 2012 年版。

［17］吕来明、祖鹏主编：《城乡土地纠纷案件法律实务》，法律出版社 2016 年版。

［18］张威主编：《土地管理法律实务》，武汉大学出版社 2015 年版。

［19］刘芳主编：《农村土地资源利用与保护》，金盾出版社 2009 年版。

［20］王卫国、张晓芳、李晓丽编著：《农村婚姻继承法律知识问答》，金盾出版社 2014 年版。

［21］姜强主编：《道路交通案件裁判要点与观点》，法律出版社 2016 年版。

［22］关升英主编：《道路交通事故赔偿纠纷》，法律出版社 2016 年版。

［23］王优银主编：《征地拆迁纠纷实务精解与百案评析》，中国法制出版社 2013 年版。

［24］赵万一、郑佳宁主编：《〈月旦法学〉民事法判例研究汇编》，北京大学出版社 2016 年版。

［25］杜豫苏主编：《物权纠纷裁判依据新释新解》，人民法院出版社 2014 年版。

［26］庞标主编：《侵权赔偿疑难对策——人身损害、财产损害、精神损害》，中国法制出版社 2010 年。

［27］《人民调解：基层工作记录》编委会编：《人民调解：基层工作记录》，上海人民出版社 2015 年版。

［28］法律出版社大众出版委员会编：《中华人民共和国人民调解法（实用问题版）》，法律出版社 2016 年版。

［29］中国法制出版社编：《中华人民共和国人民调解法（案例应用版）：立案、管辖、证据、裁判》，中国法制出版社 2015 年版。

［30］刘海亮、王立争主编：《百案通解动物和物件致害侵权》，中国法制出版社 2010 年版。

〔31〕中国法制出版社编：《"七五"普法案例读本》，中国法制出版社2016年版。

〔32〕中国法制出版社编：《中华人民共和国人民调解法学习问答》，中国法制出版社2010年版。

〔33〕奚晓明主编：《民事审判指导与参考（2010年第1辑）》，法律出版社2010年版。

〔34〕李东民、杨晓玲编著：《物业服务、相邻关系不可不知240问》，法律出版社2016年版。

〔35〕李福祥、杨建明、吴春岐主编：《农村土地纠纷不可不知200问》，法律出版社2016年版。

〔36〕刘凝主编：《买房租房纠纷：发生在你身边的99个真实案例》，中国法制出版社2016年版。

〔37〕刘凝主编：《劳动合同纠纷：发生在你身边的99个真实案例》，中国法制出版社2015年版。

〔38〕刘凝主编：《物业纠纷：发生在你身边的99个真实案例》，中国法制出版社2016年版。

〔39〕法律出版社专业出版委员会编：《五险一金纠纷处理锦囊》，法律出版社2014年版。

〔40〕法律出版社专业出版委员会编：《医疗纠纷处理锦囊》，法律出版社2014年版。

〔41〕法律出版社专业出版委员会编：《二手房买卖纠纷处理锦囊》，法律出版社2014年版。

〔42〕法律出版社专业出版委员会编：《物业纠纷处理锦囊》，法律出版社2014年版。

〔43〕《新老娘舅》节目组编著：《"新老娘"舅调解手记：化解一场叫亲情的战争》，上海人民出版社2009年版。

〔44〕臧日宏主编：《农村经济管理》，中央广播电视大学出版社2005年版。

〔45〕任大鹏主编：《农村政策法规》，中央广播电视大学出版社2004年版。

〔46〕姜小川主编：《人民调解实用手册》，中国法制出版社2009年版。

［47］王红梅编著：《新编人民调解工作技巧》，中国政法大学出版社 2006 年版。

［48］吴军营主编：《人民调解案例汇编与评注》，中国法制出版社 2012 年版。

［49］吴玉华主编：《人民调解案例》，中国检察出版社 2006 年版。

［50］李刚主编：《人民调解概论》，人民检察出版社 2004 年版。

［51］刘最跃编著：《人民调解原理与实务》，湖南人民出版社 2008 年版。

［52］刘树桥、马辉主编：《人民调解实务》，暨南大学出版社 2008 年版。

［53］孙国明、鲁桂华主编：《民事纠纷调解要点与技巧》，人民法院出版社 2007 年版。

［54］吴在存编著：《农村婚姻纠纷实例说法》，中国法制出版社 2009 年版。

［55］祝铭山主编：《财产损害赔偿纠纷》，中国法制出版社 2003 年版。

［56］莫于川、肖竹主编：《突发事件应对法制度解析与案例指导》，中国法制出版社 2009 年版。

附录一 练习题参考答案

第一章

一、判断题

1. √   2. √   3. ×   4. ×   5. √

二、单项选择题

1. （1）

2. （4）

3. （3）

三、多项选择题

1. （1）（2）（3）（4）

2. （1）（2）（3）（4）

第二章

一、判断题

1. ×   2. √   3. √   4. √   5. ×

二、单项选择题

1. （3）

2. （1）

3. （4）

三、多项选择题

1. （1）（2）（3）

2. （1）（2）（3）

第三章

一、判断题

1. √   2. ×   3. √   4. √   5. √

二、单项选择题

1. （2）

2. （1）

3. （1）

三、多项选择题

1. （2）（3）（4）

2. （1）（3）

第四章

一、判断题

1. ×   2. √   3. √   4. √   5. √

二、单项选择题

1. （4）

2. （3）

3. （2）

三、多项选择题

1. （1）（2）（3）（4）

2. （2）（3）（4）

第五章

一、判断题

1. √ 2. × 3. √ 4. √ 5. √

二、单项选择题

1. （4）

2. （2）

3. （2）

三、多项选择题

1. （1）（2）（3）（4）

2. （1）（2）（3）

第六章

一、判断题

1. √ 2. × 3. × 4. √ 5. √

二、单项选择题

1. （2）

2. （1）

3. （3）

三、多项选择题

1. （1）（2）（3）（4）

2. （1）（2）（3）（4）

附录二 法律、法规索引

1. 中华人民共和国人民调解法（2010 年 8 月 28 日）

2. 中华人民共和国村民委员会组织法（1998 年 11 月 4 日制订，2010 年 10 月 28 日修订）

3. 中华人民共和国城市居民委员会组织法（1989 年 12 月 26 日）

4. 中华人民共和国民法总则（2017 年 3 月 15 日）

5. 人民调解委员会组织条例（1989 年 6 月 17 日）

6. 人民调解工作若干规定（2002 年 9 月 26 日）

7. 民间纠纷处理办法（1990 年 4 月 19 日）

8. 关于建立健全诉讼与非诉讼相衔接的矛盾纠纷解决机制的若干意见（2009 年 7 月 24 日）

9. 中共中央办公厅、国务院办公厅关于转发《最高人民法院、司法部关于进一步加强新时期人民调解工作的意见》的通知（2002 年 9 月 24 日）

10. 中华人民共和国物权法（2007 年 3 月 16 日）

11. 中华人民共和国农村土地承包法（2009 年 8 月 27 日修订）

12. 中华人民共和国土地管理法（2004 年 8 月 28 日修订）

13. 中华人民共和国农村土地承包经营纠纷调解仲裁法（2009 年 6 月 27 日）

14. 中华人民共和国森林法（2009 年 8 月 27 日）

15. 中华人民共和国草原法（2013 年 6 月 29 日修订）

16. 中华人民共和国城乡规划法（2007 年 10 月 28 日）

17. 中华人民共和国侵权责任法（2009 年 12 月 26 日）

18. 最高人民法院关于审理涉及农村土地承包纠纷案件适用法律问题的解释

（2005 年 7 月 29 日）

19. 关于贯彻执行《中华人民共和国民法通则》若干问题的意见（试行）（1988 年 1 月 26 日）

20. 最高人民法院关于村民因土地补偿费、安置补助费问题与村民委员会发生纠纷人民法院应否受理问题的答复（2001 年 12 月 31 日）

21. 中共中央、国务院转发国家农委《关于积极发展农村多种经营的报告》的通知（1981 年 3 月 30 日）

22. 土地权属争议调查处理办法（2002 年 12 月 20 日）

23. 农业部关于加强农村集体经济组织征地补偿费监督管理指导工作的意见（2005 年 1 月 24 日）

24. 中华人民共和国婚姻法（2001 年 4 月 28 日修正）

25. 中华人民共和国继承法（1985 年 4 月 10 日）

26. 中华人民共和国未成年人保护法（2012 年 10 月 26 日修订）

27. 中华人民共和国妇女权益保障法（2005 年 8 月 28 日修订）

28. 中华人民共和国反家庭暴力法（2015 年 12 月 27 日）

29. 关于审理离婚案件中公房使用、承租若干问题的解答（1996 年 2 月 5 日）

30. 最高人民法院关于适用《中华人民共和国婚姻法》若干问题的解释（一）（2001 年 12 月 25 日）

31. 最高人民法院关于适用《中华人民共和国婚姻法》若干问题的解释（二）（2003 年 12 月 26 日）

32. 最高人民法院关于适用《中华人民共和国婚姻法》若干问题的解释（三）（2011 年 8 月 9 日）

33. 最高人民法院关于人民法院审理离婚案件处理子女抚养问题的若干具体意见（1993 年 11 月 3 日）

34. 关于贯彻执行《中华人民共和国继承法》若干问题的意见（1985 年 9 月 11 日）

35. 中华人民共和国种子法（2015 年 11 月 4 日修订）

36. 中华人民共和国农产品质量安全法（2006 年 4 月 29 日）

37. 中华人民共和国农业法（2002 年 12 月 28 日修订）

38. 中华人民共和国渔业法（2004 年 8 月 28 日修订）

39. 中华人民共和国畜牧法（2005 年 12 月 29 日）

40. 中华人民共和国动物防疫法（2007 年 8 月 30 日修订）

41. 中华人民共和国农民专业合作社法（2006 年 10 月 31 日）

42. 中华人民共和国植物新品种保护条例（2013 年 1 月 31 日修订）

43. 农药管理条例（2001 年 11 月 29 日修订）

44. 兽药管理条例（2016 年 2 月 6 日修订）

45. 最高人民法院关于适用《中华人民共和国物权法》若干问题的解释
（一）（2016 年 2 月 22 日）

46. 中华人民共和国社会保险法（2010 年 10 月 28 日）

47. 中华人民共和国劳动法（1994 年 7 月 5 日）

48. 中华人民共和国劳动合同法（2012 年 12 月 28 日修订）

49. 中华人民共和国未成年人保护法（2006 年 12 月 29 日修订）

50. 中华人民共和国残疾人保障法（2008 年 4 月 24 日修订）

51. 中华人民共和国合同法（1999 年 3 月 15 日）

52. 中华人民共和国突发事件应对法（2007 年 8 月 30 日）

53. 中华人民共和国治安管理处罚法（2012 年 10 月 26 日修订）

54. 中华人民共和国集会游行示威法（1989 年 10 月 31 日）

55. 中华人民共和国刑法（2015 年 8 月 29 日修订）

56. 农村五保供养工作条例（2006 年 1 月 21 日）

57. 物业管理条例（2007 年 8 月 26 日修订）

58. 个体工商户条例（2016 年 2 月 6 日修订）

59. 最高人民法院关于审理建筑物区分所有权纠纷案件具体应用法律若干问
题的解释（2009 年 5 月 14 日）

60. 最高人民法院关于适用《中华人民共和国合同法》若干问题的解释
（二）（2009 年 4 月 24 日）

61. 最高人民法院关于审理物业服务纠纷案件具体应用法律若干问题的解释
（2009 年 5 月 15 日）

62. 住宅室内装饰装修管理办法（2011 年 1 月 26 日修订）

63. 住宅专项维修资金管理办法（2007 年 12 月 9 日）

64. 国务院关于解决农民工问题的若干意见（2006 年 1 月 31 日）

65. 中华人民共和国妇女权益保障法（2005 年 8 月 28 日修订）

66. 中华人民共和国环境保护法（2014 年 4 月 24 日修订）

67. 中华人民共和国大气污染防治法（2015 年 8 月 29 日修订）

68. 中华人民共和国水污染防治法（2008 年 2 月 28 日修订）

69. 中华人民共和国固体废物污染环境防治法（2015 年 4 月 24 日修订）

70. 中华人民共和国环境噪声污染防治法（1996 年 10 月 29 日）

71. 中华人民共和国道路交通安全法（2011 年 4 月 22 日修订）

72. 最高人民法院关于审理人身损害赔偿案件适用法律若干问题的解释（2003 年 12 月 26 日）

73. 最高人民法院关于确定民事侵权精神损害赔偿责任若干问题的解释（2001 年 3 月 8 日）

74. 中华人民共和国道路交通安全法实施条例（2004 年 4 月 30 日）

75. 医疗事故处理条例（2002 年 4 月 4 日）